Świeże Smaki

Książka Kulinarna z Przepisami na Sałatki

Anna Zielonka

Streszczenie

Sałatka ze szpinaku i jeżyn

składniki

3 szklanki szpinaku baby, umytego i odsączonego z wody

1 litr świeżych jeżyn

1 litr pomidorków koktajlowych

1 zielona cebula pokrojona w plasterki

¼ szklanki drobno posiekanych orzechów włoskich

6 uncji pokruszonego sera feta

½ szklanki jadalnych kwiatów

Do wyboru sos bekonowy lub ocet balsamiczny

metoda

Wymieszaj szpinak, jeżyny, pomidorki koktajlowe, dymkę i orzechy włoskie, mieszając je razem. Dodać ser i ponownie wymieszać. Ta sałatka smakuje dobrze; z sosem sałatkowym lub bez. Jeśli chcesz dodać sos, użyj sosu bekonowego lub dużej ilości octu balsamicznego według własnego uznania. Przed podaniem udekoruj wybranymi jadalnymi kwiatami.

Cieszyć się!

Sałatka Jarzynowa Z Serem Szwajcarskim

składniki

1 szklanka zielonej cebuli, pokrojonej w plasterki

1 szklanka selera, pokrojonego w plasterki

1 szklanka zielonego pieprzu

1 szklanka oliwek nadziewanych chilli

6 szklanek posiekanej sałaty

1/3 szklanki oleju roślinnego. Roślina

2 szklanki startego sera szwajcarskiego

2 łyżki stołowe. czerwony ocet winny

1 łyżka stołowa. musztarda Dijon

Sól i pieprz do smaku

metoda

Połącz oliwki, cebulę, seler i zieloną paprykę w salaterce i dobrze wymieszaj.

W małej misce wymieszaj olej, musztardę i ocet. Sos doprawiamy solą i

pieprzem. Powstałym dressingiem polej warzywa. Przechowywać w lodówce

przez noc lub kilka godzin. Przed podaniem wyłóż talerz liśćmi sałaty.

Wymieszaj ser z warzywami. Połóż sałatkę na sałacie. Posyp tartym serem.

Natychmiast podawaj.

Cieszyć się!

Smaczna sałatka z marchwi

składniki

2 funty marchewki, obranej i pokrojonej w cienkie ukośne plasterki

½ szklanki płatków migdałowych

1/3 szklanki suszonej żurawiny

2 szklanki rukoli

2 ząbki czosnku posiekane

1 opakowanie pokruszonego duńskiego sera pleśniowego

1 łyżka stołowa. Ocet jabłkowy

¼ szklanki oliwy z oliwek z pierwszego tłoczenia

1 łyżeczka. Miód

1-2 szczypty Świeżo zmielony czarny pieprz

Sól dla smaku

metoda

W misce wymieszaj marchewkę, czosnek i migdały. Dodaj trochę oliwy z oliwek i dobrze wymieszaj. Dodać sól i pieprz do smaku. Przenieś mieszaninę na blachę do pieczenia i piecz w nagrzanym piekarniku przez 30 minut w temperaturze 400 stopni F lub 200 stopni C. Wyjmij z piekarnika, gdy brzegi staną się brązowe i pozostaw do ostygnięcia. Przełóż mieszankę marchewkową do miski. Dodać miód, ocet, żurawinę i ser i dobrze wymieszać. Wymieszaj rukolę i natychmiast podawaj.

Cieszyć się!

Marynowana Sałatka Jarzynowa

składniki

1 puszka małego groszku, odsączonego

1 puszka zielonej fasolki po francusku, odsączonej

1 puszka białej kukurydzy lub klipsów do butów, odsączona

1 średnia cebula, pokrojona w cienkie plasterki

¾ szklanki drobno posiekanego selera

2 łyżki stołowe. Posiekane ziele angielskie

½ szklanki białego octu winnego

½ szklanki oleju roślinnego

szklanka cukru

½ łyżeczki Pieprz ½ łyżeczki. sól

metoda

Weź dużą miskę i wymieszaj groszek, kukurydzę i fasolę. Dodaj seler, cebulę i chili i dobrze wymieszaj mieszaninę. Zdobądź rondel. Dodaj wszystkie pozostałe składniki i gotuj na małym ogniu. Mieszaj ciągle, aż cukier się rozpuści. Sosem polej mieszankę warzywną. Przykryj miskę pokrywką i włóż do lodówki na noc. Można go przechowywać kilka dni w lodówce. Podawać na zimno.

Cieszyć się!

Sałatka z pieczonej kolorowej kukurydzy

składniki

8 Świeża kukurydza w łuskach 1 Czerwona papryka, pokrojona w kostkę

1 zielona papryka, pokrojona w kostkę

1 czerwona cebula, posiekana

1 szklanka posiekanej świeżej kolendry

½ szklanki oliwy z oliwek

4 ząbki czosnku, zmiażdżone, a następnie posiekane

3 pliki

1 łyżeczka. biały cukier

Sól i pieprz do smaku

1 łyżka stołowa. ostry sos

metoda

Weź duży garnek i włóż do niego kukurydzę. Zalać wodą i namoczyć kukurydzę przez 15 minut. Usuń jedwabie z łusek kukurydzy i odłóż na bok. Weź grill i rozgrzej go do wysokiej temperatury. Połóż kukurydzę na grillu i piecz przez 20 minut. Od czasu do czasu je obracaj. Pozostawić do ostygnięcia i wyrzucić skórki. Weź blender, wlej oliwę, sok z limonki, ostry sos i wymieszaj. Dodać kolendrę, czosnek, cukier, sól i pieprz. Mieszaj, aż powstanie gładka mieszanina. Posypać kukurydzą. Natychmiast podawaj.

Cieszyć się!

Kremowy Ogórek

składniki

3 ogórki, obrane i pokrojone w cienkie plasterki

1 cebula, pokrojona w plasterki

2 szklanki wody

¾ szklanki ciężkiej śmietany do ubijania

¼ szklanki octu jabłkowego

Opcjonalnie posiekana świeża pietruszka

szklanka cukru

½ łyżeczki sól

metoda

Dodać wodę, posolić ogórek i cebulę, odstawić do namoczenia na co najmniej 1 godzinę. Odcedź nadmiar wody. W misce wymieszaj śmietanę i ocet na gładką masę. Dodać marynowane ogórki i cebulę. Dobrze wymieszaj, aby równomiernie pokryć. Włożyć na kilka godzin do lodówki. Przed podaniem posypać natką pietruszki.

Cieszyć się!

Sałatka z marynowanych grzybów i pomidorów

składniki

12 uncji Pomidory wiśniowe, przekrojone na pół

1 opakowanie Świeżych grzybów

2 zielone cebule, pokrojone w plasterki

szklanka octu balsamicznego

1/3 szklanki oleju roślinnego. Roślina

1 ½ łyżeczki biały cukier

½ łyżeczki Zmielony czarny pieprz

½ łyżeczki sól

½ szklanki posiekanej świeżej bazylii

metoda

W misce wymieszaj ocet balsamiczny, olej, pieprz, sól i cukier na gładką masę. Weź kolejną dużą miskę i wymieszaj razem pomidory, cebulę, grzyby i bazylię. Dobrze rzuca. Dodać dressing i równomiernie pokryć warzywa. Przykryj miskę i wstaw do lodówki na 3-5 godzin. Podawać na zimno.

Cieszyć się!

Sałatka z fasoli

składniki

1 puszka fasoli borlotti, umyta i odsączona

1 puszka ciecierzycy lub ciecierzycy, umyta i odsączona

1 puszka zielonej fasolki

1 puszka fasoli woskowej, odsączona

¼ szklanki zielonego pieprzu Julienne

8 zielonych cebul, pokrojonych w plasterki

½ szklanki octu jabłkowego

szklanka oleju rzepakowego

szklanka cukru

½ łyżeczki sól

metoda

Połącz fasolę razem w dużej misce. Do fasoli dodać zieloną paprykę i cebulę.

W zakrytym słoiku wymieszaj ocet jabłkowy, cukier, olej i sól, aż powstanie

gładki sos. Pozwól, aby cukier całkowicie rozpuścił się w przyprawie. Wlać

mieszaninę fasoli i dobrze wymieszać. Przykryj mieszaninę i włóż do lodówki

na noc.

Cieszyć się!

Sałatka z buraków z czosnkiem

składniki

6 Buraków, ugotowanych, obranych i pokrojonych w plasterki

3 łyżki Oliwa z oliwek

2 łyżki stołowe. czerwony ocet winny

2 ząbki czosnku

Sól dla smaku

Plasterki zielonej cebuli, kilka do dekoracji

metoda

Połącz wszystkie składniki w misce i dobrze wymieszaj. Natychmiast

podawaj.

Cieszyć się!

Marynowana kukurydza

składniki

1 szklanka mrożonej kukurydzy

2 zielone cebule, pokrojone w cienkie plasterki

1 łyżka stołowa. Posiekana zielona papryka

1 liść sałaty, opcjonalnie

¼ szklanki majonezu

2 łyżki stołowe. Sok cytrynowy

łyżeczka. Mielona gorczyca

łyżeczka. cukier

1-2 szczypty Świeżo zmielony pieprz

metoda

W dużej misce wymieszaj majonez z sokiem z cytryny, musztardą w proszku i cukrem. Ubij dobrze, aż będzie gładkie. Do majonezu dodać kukurydzę, zieloną paprykę i cebulę. Doprawić mieszaninę solą i pieprzem. Przykryć i schłodzić w lodówce przez noc lub co najmniej 4-5 godzin. Przed podaniem wyłóż talerz sałatą i połóż sałatkę na wierzchu.

Cieszyć się!

Sałatka Grochowa

składniki

8 plasterków boczku

1 opakowanie mrożonego groszku, rozmrożonego i odsączonego

½ szklanki posiekanego selera

½ szklanki posiekanej zielonej cebuli

2/3 szklanki kwaśnej śmietany

1 szklanka posiekanych orzechów nerkowca

Sól i pieprz do smaku

metoda

Umieść boczek na dużej patelni i smaż na średnim lub średnim ogniu, aż

obie strony się zarumienią. Odsączyć nadmiar oleju papierowym ręcznikiem

i pokruszyć boczek. Trzymaj to na boku. Wymieszaj seler, groszek, szalotkę i

kwaśną śmietanę w średniej wielkości misce. Dobrze wymieszaj delikatną

ręką. Dodaj orzechy nerkowca i boczek do sałatki tuż przed podaniem.

Natychmiast podawaj.

Cieszyć się!

Sałatka Z Rzepy

składniki

¼ szklanki słodkiej czerwonej papryki, posiekanej

4 szklanki posiekanej obranej rzepy

¼ szklanki zielonej cebuli

¼ szklanki majonezu

1 łyżka stołowa. Ocet

2 łyżki stołowe. cukier

łyżeczka. Pieprz

łyżeczka. sól

metoda

Zdobądź miskę. Dodać chili, cebulę i wymieszać. Weź kolejną miskę, aby przygotować sos. Wymieszaj majonez, ocet, cukier, sól i pieprz i dobrze wymieszaj. Wlać mieszaninę do warzyw i dobrze wymieszać. Weź rzepę do miski, dodaj tę mieszaninę do rzepy i dobrze wymieszaj. Warzywa przechowuj w lodówce przez noc lub kilka godzin. Więcej marynaty nada więcej smaku. Podawać na zimno.

Cieszyć się!

Sałatka z jabłek i awokado

składniki

1 opakowanie warzyw dla niemowląt

¼ szklanki posiekanej czerwonej cebuli

½ szklanki posiekanych orzechów włoskich

1/3 szklanki pokruszonego sera pleśniowego

2 łyżeczki. Skórka cytrynowa

1 jabłko, obrane, wydrążone i pokrojone w plasterki

1 awokado, obrane, wypestkowane i pokrojone w kostkę

4 mandarynki, wyciśnięty sok

½ cytryny, wyciśnięty sok

1 ząbek posiekanego czosnku

2 łyżki stołowe. Oliwa z oliwek Sól do smaku

metoda

W misce wymieszaj warzywa, orzechy, czerwoną cebulę, ser pleśniowy i

skórkę z cytryny. Dobrze wymieszaj mieszaninę. Energicznie wymieszaj sok z

mandarynki, skórkę z cytryny, sok z cytryny, posiekany czosnek i oliwę z

oliwek. Dopraw mieszaninę solą. Polać sałatkę i wymieszać. Do miski dodać

jabłko i awokado i wymieszać tuż przed podaniem sałatki.

Cieszyć się!

Sałatka z kukurydzy, fasoli i cebuli

składniki

1 puszka całej kukurydzy, umytej i odsączonej

1 puszka groszku, umyta i odsączona

1 puszka fasolki szparagowej, odsączonej

1 słoik Pimientos, odsączony

1 szklanka drobno posiekanego selera

1 cebula, drobno posiekana

1 zielona papryka, drobno posiekana

1 szklanka cukru

½ szklanki octu jabłkowego

½ szklanki oleju rzepakowego

1 łyżeczka. sól

½ łyżeczki Pieprz

metoda

Weź dużą miskę sałatkową i wymieszaj razem cebulę, zieloną paprykę i seler. Trzymaj to na boku. Do rondelka wlać ocet, olej, cukier, sól i pieprz, zagotować. Zdjąć z ognia i pozostawić mieszaninę do ostygnięcia. Posyp warzywa i dobrze wymieszaj, aby warzywa równomiernie się nimi pokryły. Przechowywać w lodówce przez kilka godzin lub przez noc. Podawane na zimno.

Cieszyć się!

Włoska sałatka wegetariańska

składniki

1 puszka Serc karczochów, odsączonych i pokrojonych na ćwiartki

5 szklanek sałaty rzymskiej, opłukanej, osuszonej i posiekanej

1 czerwona papryka, pokrojona w paski

1 Marchew 1 Czerwona cebula pokrojona w cienkie plasterki

filiżanka czarnych oliwek

szklanka zielonych oliwek

½ ogórka

2 łyżki stołowe. Tarty ser Romano

1 łyżeczka. Posiekany świeży tymianek

½ szklanki oleju rzepakowego

1/3 szklanki octu estragonowego

1 łyżka stołowa. biały cukier

½ łyżeczki Musztarda w proszku

2 ząbki czosnku posiekane

metoda

Weź średni pojemnik ze szczelną pokrywką. Dolać olej rzepakowy, ocet, musztardę suszoną, cukier, tymianek i czosnek. Przykryj pojemnik i energicznie ubijaj, aż powstanie gładka masa. Przełóż mieszaninę do miski i umieść w niej serca karczochów. Włożyć do lodówki i pozostawić do marynowania na noc. Weź dużą miskę i wymieszaj sałatę, marchewkę, czerwoną paprykę, czerwoną cebulę, oliwę, ogórek i ser. Delikatnie wstrząśnij. Doprawiamy solą i pieprzem. Wymieszać z karczochami. Pozostaw do marynowania na cztery godziny. Podawać na zimno.

Cieszyć się!

Sałatka z makaronem i owocami morza

składniki

1 opakowanie makaronu trójkolorowego

3 łodygi selera

1 funt imitacji mięsa kraba

1 szklanka mrożonego groszku

1 szklanka majonezu

½ łyżki. biały cukier

2 łyżki stołowe. biały ocet

3 łyżki mleko

1 łyżeczka. sól

łyżeczka. Zmielony czarny pieprz

metoda

W garnku zagotuj dużą ilość osolonej wody, dodaj makaron i gotuj przez 10 minut. Gdy makaron się zagotuje, dodaj groszek i mięso kraba. W dużej misce wymieszaj pozostałe wymienione składniki i odstaw na jakiś czas. Dodaj groszek, mięso kraba i makaron. Natychmiast podawaj.

Cieszyć się!

Sałatka z grillowanych warzyw

składniki

1 funt świeżych szparagów, pokrojonych

2 cukinie przekrojone wzdłuż na pół i przycięte na końcu

2 żółte cukinie

1 duża czerwona cebula, pokrojona w plasterki

2 czerwone papryki, przekrojone na pół i pozbawione nasion.

½ szklanki oliwy z oliwek z pierwszego tłoczenia

szklanka czerwonego octu winnego

1 łyżka stołowa. musztarda Dijon

1 ząbek posiekanego czosnku

Sól i mielony czarny pieprz do smaku

metoda

Podgrzej i grilluj warzywa przez 15 minut, następnie zdejmij warzywa z grilla

i pokrój je na małe kawałki. Dodać pozostałe składniki i wymieszać sałatkę

tak, aby wszystkie przyprawy dobrze się wymieszały. Natychmiast podawaj.

Cieszyć się!

Pyszna letnia sałatka kukurydziana

składniki

6 kłosów kukurydzy, łuszczonych i całkowicie czystych

3 duże pomidory pokrojone na kawałki

1 duża cebula posiekana

¼ szklanki posiekanej świeżej bazylii

szklanka oliwy z oliwek

2 łyżki stołowe. biały ocet

Sól i pieprz

metoda

Weź duży garnek, wlej wodę, sól i zagotuj. Ugotuj kukurydzę we wrzącej

wodzie, a następnie dodaj wszystkie wymienione składniki. Dobrze

wymieszaj mieszaninę i włóż do lodówki. Podawać na zimno.

Cieszyć się!!

Chrupiąca sałatka grochowa z karmelem

składniki

8 plasterków boczku

1 opakowanie mrożonego suszonego groszku

½ szklanki posiekanego selera

½ szklanki posiekanej zielonej cebuli

2/3 szklanki kwaśnej śmietany

1 szklanka posiekanych orzechów nerkowca

Sól i pieprz według własnych upodobań

metoda

Smażyć boczek na patelni na średnim ogniu, aż się zrumieni. W misce wymieszaj pozostałe składniki oprócz orzechów nerkowca. Na koniec do mieszanki dodać boczek i orzechy nerkowca. Dobrze wymieszaj i natychmiast podawaj.

Cieszyć się!

Magiczna sałatka z czarnej fasoli

składniki

1 puszka czarnej fasoli, opłukana i odsączona

2 puszki suszonej kukurydzy kukurydzianej

8 posiekanych zielonych cebul

2 papryczki jalapeno, pozbawione nasion i posiekane

1 posiekana zielona papryka

1 awokado, obrane, wypestkowane i pokrojone w kostkę.

1 słoik papryki plus

3 pomidory pozbawione gniazd nasiennych i pokrojone na kawałki

1 szklanka posiekanej świeżej kolendry

1 limonka, wyciśnięta sok

½ szklanki włoskiego sosu sałatkowego

½ łyżeczki przyprawiona sól czosnkowa

metoda

Weź dużą miskę i włóż do niej wszystkie składniki. Dobrze wymieszaj, aby

dobrze się wymieszały. Natychmiast podawaj.

Cieszyć się!

Pyszna sałatka grecka

składniki

3 duże dojrzałe pomidory pokrojone na kawałki

2 ogórki obrane i posiekane

1 mała posiekana czerwona cebula

szklanka oliwy z oliwek

4 łyżeczki. sok cytrynowy

½ łyżeczki suszone oregano

Sól i pieprz do smaku

1 szklanka pokruszonego sera feta

6 greckich czarnych oliwek, wypestkowanych i pokrojonych w plasterki

metoda

Weź średniej wielkości miskę i bardzo dobrze wymieszaj pomidory, ogórek i cebulę, a następnie pozostaw mieszaninę na pięć minut. Całość skrop oliwą, sokiem z cytryny, oregano, solą, pieprzem, fetą i oliwkami. Wyjmij z piekarnika i natychmiast podawaj.

Cieszyć się!!

Niesamowita tajska sałatka z ogórków

składniki

3 duże obrane ogórki, które należy pokroić w ¼-calowe plasterki i usunąć nasiona

1 łyżka stołowa. sól

½ szklanki białego cukru

½ szklanki octu winno-ryżowego

2 posiekane papryczki jalapeno

¼ szklanki posiekanej kolendry

½ szklanki posiekanych orzeszków ziemnych

metoda

Połącz wszystkie składniki w dużej misce i dobrze wymieszaj. Dopraw do

smaku i podawaj na zimno.

Cieszyć się!

Wysokobiałkowa sałatka z pomidorów i bazylii

składniki

4 duże dojrzałe pokrojone pomidory

1 funt świeżej mozzarelli w plasterkach mozzarelli

1/3 szklanki świeżej bazylii

3 łyżki Oliwa z oliwek z pierwszego tłoczenia

Drobnomielona sól morska

Świeżo zmielony czarny pieprz

metoda

Na talerzu układaj na przemian i nakładaj na siebie plasterki pomidora i mozzarelli. Na koniec skrop odrobiną oliwy z oliwek, drobną solą morską i pieprzem. Podawać świeże, udekorowane listkami bazylii.

Cieszyć się!

Szybka sałatka z awokado i ogórkiem

składniki

2 średnie ogórki pokrojone w kostkę

2 kostki awokado

4 łyżki posiekana świeża kolendra

1 ząbek posiekanego czosnku

2 łyżki stołowe. posiekana zielona cebula

łyżeczka. sól

czarny pieprz

duża cytryna

1 limonka

metoda

Weź ogórki, awokado i kolendrę, dobrze je wymieszaj. Na koniec dodać

pieprz, cytrynę, limonkę, cebulę i czosnek. Rzuć to dobrze. Natychmiast

podawaj.

Cieszyć się!

Sałatka jęczmienna z pomidorami i fetą

składniki

1 szklanka surowego makaronu orzo

filiżanka zielonych oliwek bez pestek

1 szklanka pokrojonej w kostkę fety

3 łyżki Posiekany świeży Presley

1 dojrzały pomidor pokrojony

szklanka oliwy z pierwszego tłoczenia

szklanka soku z cytryny

Sól i pieprz

metoda

Ugotuj jęczmień zgodnie z instrukcją producenta. Weź miskę i bardzo dobrze

wymieszaj kaszę, oliwki, pietruszkę, koperek i pomidor. Na koniec

doprawiamy solą, pieprzem i dodajemy fetę. Natychmiast podawaj.

Cieszyć się!

Angielska sałatka z ogórków i pomidorów

składniki

8 pomidorów rzymskich lub datterino

1 ogórek angielski, obrany i pokrojony w kostkę

1 szklanka Jicama, obrana i drobno posiekana

1 mała żółta papryka

½ szklanki czerwonej cebuli, pokrojonej w kostkę

3 łyżki Sok cytrynowy

3 łyżki Oliwa z oliwek z pierwszego tłoczenia

1 łyżka stołowa. Suszona pietruszka

1-2 szczypty pieprzu

metoda

Połącz pomidory, paprykę, ogórek, jicamę i czerwoną cebulę w misce.

Dobrze rzuca. Wlać oliwę z oliwek, sok z cytryny i przykryć mieszaninę.

Posypać natką pietruszki i wymieszać. Doprawiamy solą i pieprzem.

Podawać natychmiast lub na zimno.

Cieszyć się!

Babcia Sałatka Z Bakłażanów

składniki

1 bakłażan

4 pomidory pokrojone w kostkę

3 jajka, ugotowane na twardo, pokrojone w kostkę

1 cebula, drobno posiekana

½ szklanki sosu do sałatek francuskich

½ łyżeczki Pieprz

Sól do przyprawienia opcjonalnie

metoda

Bakłażany myjemy i przekrawamy wzdłuż na pół. Weź blachę do pieczenia i posmaruj ją oliwą z oliwek. Połóż bakłażany przekrojoną stroną do dołu na natłuszczonej blasze do pieczenia. Piec przez 30-40 minut w temperaturze 350 stopni F. Wyjmij i ostudź. Obierz bakłażany. Pokrój je w małe kostki. Weź dużą miskę i przełóż do niej bakłażany. Dodać cebulę, pomidory, jajka, przyprawy, pieprz i sól. Dobrze rzuca. Zamrażaj co najmniej 1 godzinę w lodówce i podawaj.

Cieszyć się!

Sałatka z marchwi, boczku i brokułów

składniki

2 główki Świeże brokuły, posiekane

½ funta boczku

1 pęczek zielonej cebuli, posiekanej

½ szklanki posiekanej marchewki

½ szklanki rodzynek, opcjonalnie

1 szklanka majonezu

½ szklanki destylowanego białego octu

1-2 szczypty pieprzu

Sól dla smaku

metoda

Smażyć boczek na dużej, głębokiej patelni na średnim ogniu, aż się zrumieni.

Odcedź i rozdrobnij. Połącz brokuły, zieloną cebulę, marchewkę i bekon w

dużej misce. Dodaj sól i pieprz. Rzuć poprawnie. Weź mały pojemnik lub

miskę, włóż majonez i ocet i wymieszaj. Sos przełożyć do mieszanki

warzywnej. Dopraw warzywa delikatną ręką. Przechowywać w lodówce

przez co najmniej 1 godzinę i podawać.

Cieszyć się!

Sałatka z ogórków i pomidorów z kwaśną śmietaną

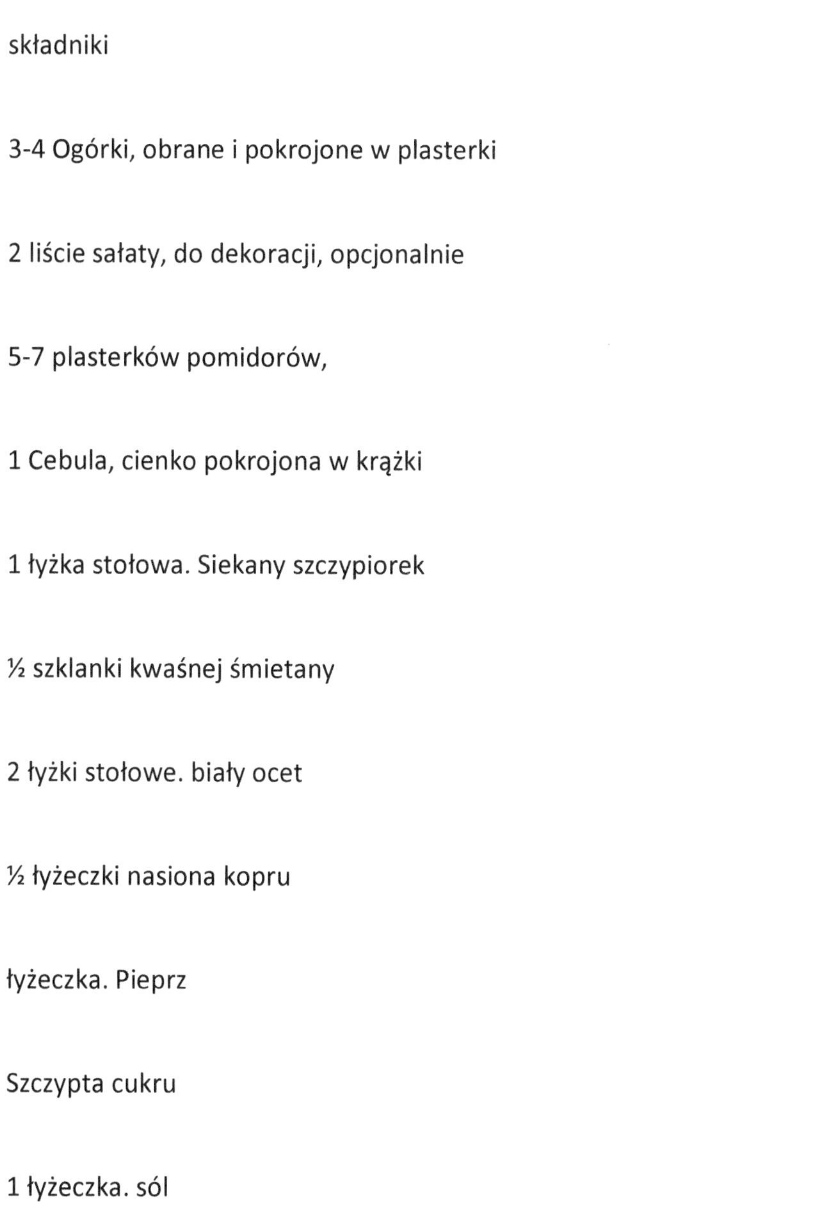

składniki

3-4 Ogórki, obrane i pokrojone w plasterki

2 liście sałaty, do dekoracji, opcjonalnie

5-7 plasterków pomidorów,

1 Cebula, cienko pokrojona w krążki

1 łyżka stołowa. Siekany szczypiorek

½ szklanki kwaśnej śmietany

2 łyżki stołowe. biały ocet

½ łyżeczki nasiona kopru

łyżeczka. Pieprz

Szczypta cukru

1 łyżeczka. sól

metoda

Włóż plasterki ogórka do miski i posyp solą. Marynować przez 3-4 godziny w lodówce. Wyjmij ogórek i umyj go. Odcedź cały płyn i przełóż go do dużej miski sałatkowej. Dodaj cebulę i odłóż na bok. Weź małą miskę i wymieszaj ocet, śmietanę, szczypiorek, nasiona kopru, pieprz i cukier. Wymieszaj mieszaninę i wylej ją na mieszaninę ogórków. Delikatnie wstrząśnij. Na talerzu dobrze ułóż sałatę i pomidora. Natychmiast podawaj.

Cieszyć się!

Sałatka Pomidorowa Tortellini

składniki

1 funt makaronu tortellini

3 obrane pomidory przekrojone na pół

3 uncje twardego salami, pokrojonego w kostkę

2/3 szklanki pokrojonego w plasterki selera

¼ szklanki pokrojonych w plasterki czarnych oliwek

½ szklanki czerwonej papryki

1 łyżka stołowa. Czerwona cebula, pokrojona w kostkę

1 łyżka stołowa. koncentrat pomidorowy

1 ząbek posiekanego czosnku

3 łyżki czerwony ocet winny

3 łyżki Ocet balsamiczny

2 łyżeczki. musztarda Dijon

1 łyżeczka. Miód

1/3 szklanki oliwy z oliwek

1/3 szklanki oleju roślinnego. Roślina

¾ szklanki startego provolonu

¼ szklanki posiekanej świeżej pietruszki

1 łyżeczka. Posiekany świeży rozmaryn

1 łyżka stołowa. Sok cytrynowy

Pieprz i sól do smaku

metoda

Ugotuj makaron zgodnie z instrukcją na opakowaniu. Zalać zimną wodą i odcedzić. Trzymaj to na boku. Za pomocą grilla smaż pomidory, aż skórka będzie częściowo poczerniała. Teraz zmiksuj pomidora w blenderze. Dodać przecier pomidorowy, ocet, czosnek, miód i musztardę i ponownie zmiksować. Stopniowo dodawaj oliwę z oliwek i olej roślinny i mieszaj, aż masa będzie gładka. Dodaj sól i pieprz. W misce wymieszaj makaron ze wszystkimi warzywami, ziołami, salami i sokiem z cytryny. Wlać dressing i dobrze wymieszać. Podawać.

Cieszyć się!

Brokuły i boczek w sosie majonezowym

składniki

1 pęczek brokułów, podzielony na różyczki

½ małej czerwonej cebuli, drobno posiekanej

1 szklanka startej mozzarelli

8 pasków boczku, ugotowanych i pokruszonych

½ szklanki majonezu

1 łyżka stołowa. Ocet z białego wina

szklanka cukru

metoda

Do dużej miski sałatkowej włóż brokuły, ugotowany boczek, cebulę i ser. Mieszaj delikatną ręką. Przykryj i odłóż na bok. W małym pojemniku wymieszaj majonez, ocet i cukier. Ciągle ubijaj, aż cukier się rozpuści i utworzy gładką masę. Sosem polej mieszaninę brokułów i równomiernie go pokryj. Natychmiast podawaj.

Cieszyć się!

Sałatka z kurczakiem i kremem z ogórka

składniki

2 puszki Nuggetsów z kurczaka, odsączonych z soku

1 szklanka zielonych winogron bez pestek, przekrojonych na pół

½ szklanki posiekanych orzechów pekan lub migdałów

½ szklanki posiekanego selera

1 puszka mandarynek, odsączonych

¾ szklanki kremowego sosu sałatkowego z ogórków

metoda

Weź dużą i głęboką miskę sałatkową. Przełóż kurczaka, seler, winogrona, pomarańcze i orzechy pekan lub migdały według własnego wyboru.

Delikatnie wstrząśnij. Dodaj sos do sałatki ogórkowej. Mieszankę kurczaka i warzyw równomiernie polej kremowym dressingiem. Natychmiast podawaj.

Cieszyć się!

Warzywa z sosem chrzanowym

składniki

¾ szklanki różyczek kalafiora

szklanka ogórka

¼ szklanki posiekanego pomidora z pestkami

2 łyżki stołowe. Pokrojone rzodkiewki

1 łyżka stołowa. Pokrojona w plasterki zielona cebula

2 łyżki stołowe. Seler pokroić w kostkę

¼ szklanki posiekanego sera amerykańskiego

Do przyprawy:

2 łyżki stołowe. majonez

1-2 łyżki. cukier

1 łyżka stołowa. Chrzan gotowy

1/8 łyżeczki Pieprz

łyżeczka. sól

metoda

W dużej misce wymieszaj kalafior, ogórek, pomidor, seler, rzodkiew, zieloną cebulę i ser. Trzymaj to na boku. Weź małą miskę. Majonez, cukier i chrzan mieszamy do momentu, aż cukier się rozpuści i powstanie gładka masa. Sosem polej warzywa i dobrze wymieszaj. Przechowywać w lodówce przez 1-2 godziny. Podawać na zimno.

Cieszyć się!

Sałatka ze słodkiego groszku i makaronu

składniki

1 szklanka makaronu

2 szklanki mrożonego groszku

3 jajka

3 zielone cebule, posiekane

2 łodygi selera, posiekane

¼ szklanki sosu sałatkowego Ranch

1 łyżeczka. biały cukier

2 łyżeczki. Ocet z białego wina

2 słodkie pikle

1 szklanka startego sera cheddar

¼ Świeżo zmielonego czarnego pieprzu

metoda

Ugotuj makaron we wrzącej wodzie. Dodaj do niego szczyptę soli. Po zakończeniu przepłucz go zimną wodą i odcedź. Weź rondelek i napełnij go zimną wodą. Dodać jajka i doprowadzić do wrzenia. Zdjąć z ognia i przykryć. Pozostaw jajka w ciepłej wodzie na 10-15 minut. Wyjmij jajka z ciepłej wody i pozostaw do ostygnięcia. Obierz skórę i posiekaj ją. Weź małą miskę i wymieszaj sos sałatkowy, ocet i cukier. Dobrze wymieszaj i dopraw solą i świeżo zmielonym czarnym pieprzem. Połącz makaron, jajka, warzywa i ser. Wlać dressing i wymieszać. Podawać na zimno.

Cieszyć się!

Kolorowa sałatka z papryki

składniki

1 zielona papryka, pokrojona w paski julienne

1 słodka żółta papryka, pokrojona w paski julienne

1 słodka czerwona papryka, pokrojona w paski julienne

1 fioletowa papryka, julienne

1 czerwona cebula pokrojona w paski julienne

1/3 szklanki octu

szklanka oleju rzepakowego

1 łyżka stołowa. cukier

1 łyżka stołowa. Posiekana świeża bazylia

łyżeczka. sól

Szczypta pieprzu

metoda

Weź dużą miskę, dodaj całą paprykę i dobrze wymieszaj. Dodać cebulę i ponownie wymieszać. Weź kolejną miskę, dodaj pozostałe składniki i energicznie wymieszaj mieszaninę. Sosem polej mieszankę papryki i cebuli. Dobrze wymieszaj, aby pokryć warzywa. Przykryj mieszaninę i włóż do lodówki na noc. Podawać na zimno.

Cieszyć się!

Sałatka z kurczakiem, suszonymi pomidorami i orzeszkami pinii z serem

składniki

1 bochenek włoskiego chleba, pokrojony w kostkę

8 grillowanych pasków kurczaka z grilla

½ szklanki orzeszków piniowych

1 szklanka suszonych pomidorów

4 zielone cebule pokrojone na 1/2-calowe kawałki

2 opakowania miksu sałat

3 łyżki Oliwa z oliwek z pierwszego tłoczenia

½ łyżeczki sól

½ łyżeczki Świeżo zmielony czarny pieprz

1 łyżeczka. Czosnek w proszku

8 uncji sera feta, pokruszonego

1 szklanka winegretu balsamicznego

metoda

Wymieszaj włoski chleb i oliwę z oliwek. Doprawić solą, czosnkiem w proszku i solą. Umieść mieszaninę w jednej warstwie w natłuszczonej formie do pieczenia o wymiarach 9 x 13 cali. Połóż go na rozgrzanym grillu i smaż, aż będzie brązowy i zarumieniony. Wyjąć z piekarnika i ostudzić. Wyłóż orzeszki piniowe na blachę do pieczenia i umieść je na dolnym ruszcie piekarnika brojlerów i ostrożnie je opiekaj. W małej misce nabierz gorącej wody i namocz suszone pomidory, aż będą miękkie. Pokrój pomidory. W salaterce wymieszaj wszystkie zielone warzywa; dodać pomidory, orzeszki piniowe, grzanki, grillowanego kurczaka, winegret i ser. Dobrze rzuca. Podawać.

Cieszyć się!

Sałatka z mozzarellą i pomidorami

składniki

¼ szklanki czerwonego octu winnego

1 ząbek posiekanego czosnku

2/3 szklanki oliwy z oliwek. Oliwki

1 litr pomidorków koktajlowych przekrojonych na pół

1 ½ szklanki pokrojonej w kostkę, częściowo odtłuszczonej mozzarelli

¼ szklanki posiekanej cebuli

3 łyżki Posiekana świeża bazylia

pieprz do smaku

½ łyżeczki sól

metoda

Weź małą miskę. Dodajemy ocet, przeciśnięty przez praskę czosnek, sól i pieprz i mieszamy, aż sól się rozpuści. Dodaj olej i wymieszaj mieszaninę, aż będzie gładka. Do dużej miski dodaj pomidory, ser, cebulę, bazylię i wymieszaj delikatną ręką. Dodaj przyprawę i dobrze wymieszaj. Przykryj miskę i włóż do lodówki na 1 do 2 godzin. Od czasu do czasu mieszaj. Podawać na zimno.

Cieszyć się!

Pikantna sałatka z cukinii

składniki

1 ½ łyżki. ziarenka sezamu

¼ szklanki bulionu z kurczaka

3 łyżki Pasta Miso

2 łyżki stołowe. Sos sojowy

1 łyżka stołowa. Ocet ryżowy

1 łyżka stołowa. Sok limonkowy

½ łyżeczki Tajski sos chili

2 łyżeczki. brązowy cukier

½ szklanki posiekanej zielonej cebuli

¼ szklanki posiekanej kolendry

6 cukinii pokrojonych w julienne

2 arkusze Nori pokroić w cienkie plasterki

2 łyżki stołowe. płatki migdałowe

metoda

Umieść nasiona sezamu na patelni i postaw na średnim ogniu. Gotuj przez 5 minut. Mieszaj w sposób ciągły. Lekko tostuj. W misce połącz bulion z kurczaka, sos sojowy, pastę miso, ocet ryżowy, sok z limonki, brązowy cukier, sos chili, zieloną cebulę i kolendrę i wymieszaj. W dużej misce sałatkowej wymieszaj cukinię i sos, aby równomiernie się nią pokryły. Cukinie udekoruj prażonymi ziarnami sezamu, migdałami i nori. Natychmiast podawaj.

Cieszyć się!

Sałatka z pomidorów i szparagów

składniki

1 funt świeżych szparagów, pokrojonych na 1-calowe kawałki

4 pomidory, pokrojone w ósemki

3 szklanki świeżych grzybów, pokrojonych w plasterki

1 zielona papryka, pokrojona w paski julienne

¼ szklanki oleju roślinnego

2 łyżki stołowe. Ocet jabłkowy

1 ząbek posiekanego czosnku

1 łyżeczka. Suszone liście bylicy

łyżeczka. Sos chili

łyżeczka. sól

łyżeczka. Pieprz

metoda

Na patelni weź niewielką ilość wody i ugotuj szparagi, aż będą chrupiące, około 4-5 minut. Odcedź i odłóż na bok. W dużej misce sałatkowej połącz grzyby z pomidorami i zieloną papryką. Połącz pozostałe składniki w innej misce. Dodaj mieszankę warzywną do sosu. Dobrze wymieszaj, przykryj i przechowuj w lodówce przez 2 do 3 godzin. Podawać.

Cieszyć się!

Sałatka Ogórkowa Z Miętą, Cebulą I Pomidorem

składniki

2 ogórki przekrojone wzdłuż na pół, pozbawione gniazd nasiennych i

pokrojone w plasterki

2/3 szklanki grubo posiekanej czerwonej cebuli

3 pomidory pozbawione gniazd nasiennych i grubo posiekane

½ szklanki posiekanych świeżych liści mięty

1/3 szklanki czerwonego octu winnego

1 łyżka stołowa. bezkaloryczny granulowany słodzik

1 łyżeczka. sól

3 łyżki Oliwa z oliwek

Szczypta pieprzu

Sól dla smaku

metoda

Połącz ogórki, granulowany słodzik, ocet i sól w dużej misce. Pozostaw do namoczenia. Do marynowania należy pozostawić w temperaturze pokojowej na co najmniej 1 godzinę. Od czasu do czasu zamieszaj mieszaninę. Połóż pomidory, cebulę, posiekaną świeżą miętę. Dobrze rzuca. Dodaj olej do mieszanki ogórków. Wrzucić, aby równomiernie się pokrył. Dodać sól i pieprz do smaku. Podawać na zimno.

Cieszyć się!

Adas Salatas

(Turecka Sałatka Z Soczewicy)

Składniki:

2 szklanki oczyszczonej soczewicy

4 szklanki wody

szklanka oliwy z oliwek

1 cebula, pokrojona w plasterki

2-3 ząbki czosnku, pokrojone w plasterki

2 łyżeczki. Kminek w proszku

1-2 cytryny, tylko sok

1 pęczek natki pietruszki, pokrojonej w plasterki

Doprawiamy solą i zwiększamy do smaku

2 pomidory pokrojone w ósemki (opcjonalnie)

2 jajka ugotowane na twardo i pokrojone w ósemki (opcjonalnie)

Opcjonalnie czarne oliwki

¼ szklanki mleka feta, opcjonalnie, pokruszonego lub pokrojonego

metoda

Dodaj fasolę i wodę do dużego garnka i zagotuj na średnim ogniu. Zmniejsz ogień, ustaw i przygotuj, aż będą gotowe. Nie rozgotuj. Odcedzić i przelać zimną wodą. Rozgrzej oliwę z oliwek na patelni na średnim ogniu. Dodaj czerwoną cebulę i smaż, aż będzie przezroczysta. Dodaj ząbki czosnku i kminek i smaż przez kolejne 1 do 2 minut. Umieść fasolę na dużym talerzu, dodaj czerwoną cebulę, pomidory i jajka. Dodać sok z cytryny, pietruszkę, booster i sól. Podawać świeże posypane serem.

Cieszyć się!

Ajwar

Składniki:

3 średnie bakłażany, przekrojone wzdłuż na pół

6-8 słodkich czerwonych papryczek

½ szklanki oliwy z oliwek

3 łyżki Świeżo czysty ocet lub sok pomarańczowy

2-3 ząbki czosnku, pokrojone w plasterki

Doprawiamy solą i zwiększamy do smaku

metoda

Rozgrzej piekarnik do 200 stopni F. Połóż bakłażany przekrojoną stroną do dołu na starannie naoliwionej blasze do pieczenia i piecz, aż style staną się czarne, a bakłażany będą gotowe, około 20 minut. Przełożyć na duży talerz i odstawić na kilka minut pod przykryciem. Połóż słodką paprykę na blasze do pieczenia i piecz, obracając, aż skórka się sczernieje, a papryka będzie miękka, jeszcze około 20 minut. Przełożyć na drugi talerz i pod przykryciem pozostawić na kilka minut do wystygnięcia. Po ostygnięciu oczyszczonych warzyw wyjmij miąższ z bakłażana na duży talerz lub blender, odrzucając resztę części. Pokrój słodką paprykę i dodaj ją do bakłażanów. Za pomocą tłuczka do ziemniaków rozgnieć bakłażana i słodką paprykę, aż będą gładkie, ale nadal trochę grube. Jeśli używasz miksera, zamiast tego ubij kombinację do pożądanej tekstury.

Cieszyć się!

Sałatka Bakdoonsiyyeh

Składniki:

2 pęczki włoskiej pietruszki, pokrojone w plasterki

Kubek Tahini

¼ szklanki soku z cytryny

Sól dla smaku

wodospad

metoda

W misce wymieszaj tahini, puree ze świeżego soku pomarańczowego i sól,
aż masa będzie gładka. Dodaj łyżkę. lub dwie wody w ilości wystarczającej
do zrobienia gęstego sosu. Doprawić do smaku. Dodać posiekaną natkę
pietruszki i wymieszać. Natychmiast podawaj.

Cieszyć się!

Sałatka Rellena

Składniki:

2 funty Żółty, seler Yukon Gold

½ szklanki oleju

¼ szklanki świeżo nałożonego, czystego soku z limonki lub pomarańczy

2-3 miejsca na chili amarillo, opcjonalnie

Doprawiamy solą i zwiększamy do smaku

2 szklanki nadzienia

2-3 Jajko na twardo, pokrojone w plasterki

6-8 czarnych oliwek bez pestek

Metoda:

Seler włóż do garnka z dużą ilością osolonej wody. Podgrzej do wrzenia i

gotuj seler, aż będzie miękki i gotowy. Trzymaj się z boku. Seler przepuścić

przez tłuczek do ziemniaków lub rozgnieść tłuczkiem do ziemniaków na gładką masę. Wymieszaj olej, dodaj (jeśli używasz) minerały wapnia lub czysty świeży sok pomarańczowy i sól do smaku. Wyłóż blachę do lasagne. Rozłóż 50% selera na dnie talerza i wypoziomuj. Podobnie rozsmaruj swoje ulubione nadzienie na selerze. W ten sam sposób rozłóż pozostały seler na nadzieniu. Połóż talerz ofiarny do góry nogami na talerzu causa. Używając obu rąk, odwróć talerz i talerz, upuszczając potrawę na talerz. Udekoruj causa jajkiem na twardo i oliwkami oraz, jeśli chcesz, przyprawą. Pokroić na kawałki i podać.

Cieszyć się!

Sałatka Curtido

Składniki:

½ główki kapusty

1 marchewka, obrana i starta

1 szklanka fasoli

4 szklanki wrzącej wody

3 pokrojone w plasterki dymki

½ szklanki białego octu jabłkowego

½ szklanki wody

1 porcja papryczki jalapeno lub serrano

½ łyżeczki sól

metoda

Umieść warzywa i fasolę w dużym żaroodpornym naczyniu do pieczenia. Do naczynia dodać wodę gazowaną tak, aby przykryła warzywa i fasolę i odstawić na około 5 minut. Odcedź na durszlaku, pozwalając, aby spłynęło jak najwięcej płynu. Warzywa i fasolę przełożyć na talerz i wymieszać z resztą składników. Pozostawić do stwardnienia w lodówce na kilka godzin. Podawać na zimno.

Cieszyć się!

Sałatka Gado Gado

składniki

1 szklanka zielonej fasolki, ugotowanej

2 marchewki, obrane i pokrojone w plasterki

1 szklanka fasolki szparagowej, pokrojonej na 2-calowe kawałki, gotowanej

na parze

2 Ziemniaki, obrane, ugotowane i pokrojone w plasterki

2 szklanki sałaty rzymskiej

1 Ogórki obrać, pokroić w pierścienie

2-3 pomidory pokrojone w ósemki

2-3 jajka na twardo, pokrojone w ósemki

10-12 Krupuk, krakersy krewetkowe

sos orzechowy

metoda

Połącz wszystkie składniki oprócz sałaty rzymskiej i dobrze wymieszaj.

Sałatkę podawaj na sałacie rzymskiej.

Cieszyć się!

Hobaka Namulu

składniki

3 Hobak lub spłaszczone cukinie, pokrojone w półksiężyce

2-3 ząbki czosnku, posiekane

1 łyżeczka. cukier

sól

3 łyżki Marynata sojowa

2 łyżki stołowe. Prażony olej sezamowy

metoda

Doprowadź garnek z wodą do gotowania na średnim ogniu. Dodaj cottę i gotuj przez około 1 minutę. Odcedzić i przelać zimną wodą. Odcedź ponownie. Wymieszaj wszystkie składniki i dobrze wymieszaj. Podawać na gorąco z wyborem japońskich dodatków i posiłkiem głównym.

Cieszyć się!

Sałatka Horiatiki

składniki

3-4 pomidory pozbawione pestek i posiekane

1 Ogórek, obrany, wypestkowany i posiekany

1 czerwona cebula, pokrojona w plasterki

½ szklanki oliwek Kalamata

½ szklanki sera feta, pokrojonego lub pokruszonego

½ szklanki oliwy z oliwek

szklanka octu jabłkowego

1-2 ząbki czosnku, posiekane

1 łyżeczka. Lebiodka

Sól i aromat do smaku

metoda

Umieść razem świeże warzywa, oliwki i produkty mleczne w dużym,

niereagującym naczyniu. W drugim naczyniu wymieszaj oliwę, ocet

jabłkowy, ząbki czosnku, oregano, przyprawy i sól. Sosem wlać do naczynia

ze świeżymi warzywami i wymieszać. Odstawić do marynowania na pół

godziny i podawać na gorąco.

Cieszyć się!

Sałatka z kurczakiem Waldorf

Składniki:

Sól i pieprz

4,6–8 uncji piersi drobiowych bez kości i skóry, o szerokości nie większej niż
1 cal, ciężkie, przycięte

½ szklanki majonezu

2 łyżki stołowe. sok cytrynowy

1 łyżeczka. musztarda Dijon

½ łyżeczki zmielone nasiona kopru włoskiego

2 żeberka selera, posiekane

1 szalotka, posiekana

1 Granny Smith, obrana, pozbawiona gniazd nasiennych, przekrojona na pół
i pokrojona na centymetrowe kawałki

1/2 szklanki posiekanych orzechów włoskich

1 łyżka stołowa. pokrojony świeży estragon

1 łyżeczka. pokrojony świeży tymianek

metoda

Rozpuść 2 łyżki. sól w 6 szklankach zimnej wody w rondlu. Zanurz drób w

wodzie. Rozgrzej garnek nad gorącą wodą do temperatury 170 stopni

Celsjusza. Wyłącz ogień i odstaw na 15 minut. Połóż drób z powrotem na

talerzu wyłożonym ręcznikiem papierowym. Przechowywać w lodówce, aż

drób będzie zimny, około pół godziny. Podczas gdy drób ostygnie, wymieszaj

majonez, sok z cytryny, musztardę, mielony koper włoski i ¼ łyżeczki.

zwiększać razem w dużym naczyniu. Drób osusz gąbkami i pokrój na

półcalowe kawałki. Połóż drób z powrotem na talerzu z mieszanką

majonezu. Dodaj płatki owsiane, szalotkę, sok jabłkowy, orzechy włoskie,

estragon i tymianek; wrzucić do wymieszania. Dopraw za pomocą naparu i

dodaj sól do smaku. Podawać.

Cieszyć się!

Sałatka Z Soczewicy Z Oliwkami I Fetą

Składniki:

1 szklanka fasoli, zebranej i opłukanej

Sól i pieprz

6 szklanek wody

2 szklanki bulionu drobiowego o niskiej zawartości sodu

5 ząbków czosnku, lekko zmiażdżonych i obranych

1 liść laurowy

5 łyżek. Oliwa z oliwek z pierwszego tłoczenia

3 łyżki Ocet z białego wina

½ szklanki grubo pokrojonych, szorstkich oliwek Kalamata

½ szklanki świeżego, doskonałego rezultatu, posiekanego

1 duża szalotka, posiekana

szklanka pokruszonej fety

metoda

Fasolę namoczyć w 4 szklankach gorącej wody z 1 łyżeczką. w nim soli.

Dobrze odcedź. W rondlu wymieszaj fasolę, pozostałą wodę, bulion,

czosnek, liść laurowy i sól i gotuj, aż fasola zmięknie. Odcedź i wyrzuć

czosnek i liście laurowe. W misce łączymy z pozostałymi składnikami i

dobrze mieszamy. Podawać udekorowane odrobiną fety.

Cieszyć się!

Tajska Sałatka Z Grillowanej Wołowiny

Składniki:

1 łyżeczka. papryka

1 łyżeczka. papryka dopraw pieprzem

1 łyżka stołowa. biały ryż

3 łyżki sok mineralny wapniowy, 2 limonki

2 łyżki stołowe. sos rybny

2 łyżki stołowe. wodospad

½ łyżeczki cukier

1, 1 ½ funta mąki z flanki, pokrojonej

Dodatek soli i bieli, grubo zmielony

4 szalotki, pokrojone w cienkie plasterki

1 ½ szklanki doskonałych świeżych owoców, podartych

1 ½ szklanki świeżych liści kolendry

1 tajskie Chile, pozbawione łodyg i pokrojone w cienkie krążki

1 bezpestkowy ogórek angielski, pokrojony w grube plastry o szerokości 1/4 cala

metoda

Grilluj posiłki na dużym ogniu, aż będą ugotowane. Odłóż na bok, aby odpocząć. Pokrój na kawałki wielkości kęsa. W misce połącz wszystkie składniki i dobrze wymieszaj, aż się połączą. Natychmiast podawaj.

Cieszyć się!

Sałatka amerykańska

składniki

1 mała główka czerwonej kapusty, posiekana

1 duża marchewka, starta

1 jabłko, wydrążone i posiekane

Sok co najmniej 50% z limonki

25 białych winogron bez pestek, pokrojonych w plasterki

1/2 szklanki posiekanych orzechów włoskich

3/4 szklanki rodzynek, złote rodzynki wydają się najlepsze, ale ja wolę

zwykłe rodzynki ze względu na smak

1/2 białej cebuli, posiekanej

4 łyżki majonez

metoda

W podanej kolejności umieść wszystkie produkty na dużym talerzu. Po

dodaniu soku z limonki do całej zawartości dobrze wymieszać.

Cieszyć się!

Specjalna sałatka z kurczakiem

składniki

1 ½ masy ciała cienko pokrojonych drobiu, różnych potraw, kotletów

2 łyżki stołowe. olej roślinny

Planowanie grilla, zalecane: grill BBQ Mates Montreal Meal Seasoning firmy

McCormick lub surowy sód i pieprz

3 okrągłe łyżki. duże masło orzechowe

3 łyżki czarna przyprawa sojowa

1/4 szklanki dowolnego soku owocowego

2 łyżeczki. gorące przyprawy

1 cytryna

1/4 ogórka bez pestek, pokrojona w słupki

1 szklanka posiekanej marchewki

2 szklanki posiekanych liści sałaty

4 chrupiące bułeczki, keizer lub głośniki, podzielone

metoda

Rozgrzej patelnię grillową lub dużą patelnię z powłoką nieprzywierającą. Drób posmaruj olejem, rozgrzej grill i smaż po 3 minuty z każdej strony w 2 partiach.

Umieść masło orzechowe w naczyniu przeznaczonym do kuchenki mikrofalowej i zmiękcz w kuchence mikrofalowej na maksymalnej mocy przez około 20 sekund. Zmieszaj soję, sok owocowy, ostre przyprawy i sok z cytryny z masłem orzechowym. Posyp drób przyprawami satay. Wymieszaj świeżo pokrojone warzywa. Połóż 1/4 świeżych warzyw na chlebie kanapkowym i posyp 1/4 Satay Poultry Mix. Uformuj wierzchołki bułek i zaoferuj lub zawiń na podróż.

Cieszyć się!

Sałatka z Kurczakiem Kleopatry

składniki

1 ½ piersi z kurczaka

2 łyżki stołowe. Oliwa z oliwek z pierwszego tłoczenia

1/4 łyżeczki zmiażdżone czerwone płatki wzmacniające

4 zmiażdżone ząbki czosnku

1/2 szklanki białego wytrawnego wina

1/2 pomarańczy, wyciśnięta sok

Garść pokrojonej natki pietruszki płaskolistnej

Gruby sód i czarny pieprz

metoda

Podgrzej duże opakowanie z powłoką nieprzywierającą na kuchence. Dodaj oliwę z oliwek z pierwszego tłoczenia i podgrzej. Dodać rozgnieciony push, zmiażdżone ząbki czosnku i pierś z kurczaka. Smaż piersi z kurczaka, aż będą dobrze rumiane ze wszystkich stron, około 5 do 6 minut. Pozwól płynowi i delikatnym zagotować się jeszcze przez około 3 do 4 minut, a następnie zdejmij patelnię z ognia. Drób wyciśnij świeżo wyciśniętym sokiem z limonki i podawaj z łyżką pietruszki i solą do smaku. Natychmiast podawaj.

Cieszyć się!

Sałatka tajsko-wietnamska

składniki

3 sałaty łacińskie, posiekane

2 szklanki świeżych sadzonek warzyw dowolnej odmiany

1 szklanka idealnie pokrojonych daikonów lub czerwonych rzodkiewek

2 szklanki groszku

8 szalotek, pokrojonych w ukośne plasterki

½ ogórka bez pestek, przekrojonego wzdłuż na pół

1 litr żółtych lub czerwonych pomidorów winorośli

1 czerwona cebula, pokrojona w ćwiartki i idealnie pokrojona

1 wybór doskonałych świeżych owoców, przyciętych

1 wybór świeżej bazylii, przyciętej

2,2-uncjowe opakowania produktów z pokrojonymi orzechami, znalezione
na alejce do pieczenia

8 kawałków tostów migdałowych lub anyżowych, pokrojonych na 1-calowe
kawałki

1/4 szklanki czarnego sosu sojowego tamari

2 łyżki stołowe. olej roślinny

4 do 8 cienko pokrojonych kotletów drobiowych, w zależności od wielkości

Sól i świeży czarny pieprz

1 lb. mahi mahi

1 dojrzała limonka

metoda

Połącz wszystkie składniki w dużej misce i podawaj na zimno.

Cieszyć się!

Sałatka świąteczna

składniki

Nieprzywierający spray do przygotowywania potraw

2 łyżki stołowe. syrop orzechowy

2 łyżki stołowe. brązowawy cukier

2 łyżki stołowe. cydr

1 funt mąki szynkowej, w pełni przygotowanej, w dużych kostkach

½ funta pszenicy muszkowej, gotowanej

3 łyżki pyszne pokrojone korniszony

Sałata Bibb

½ szklanki pokrojonej w plasterki czerwonej cebuli

1 szklanka Goudy pokrojonej w małą kostkę

3 łyżki pokrojone świeże liście pietruszki

Winegret, zgodny z recepturą

Marynowana ekologiczna fasola:

1 funt groszku, zmniejszyć, pokroić na trzy części

1 łyżeczka. pokrojony czosnek

1 łyżeczka. czerwone kokardki

2 łyżeczki. Oliwa z oliwek z pierwszego tłoczenia

1 łyżeczka. biały ocet

Szczypta soli

czarny pieprz

metoda

Rozgrzej kuchenkę do 350 stopni F. Nałóż nieprzywierający spray do

gotowania na blachę do pieczenia. W średniej wielkości naczyniu wymieszaj

syrop orzechowy, brązowawą glukozę i cydr jabłkowy. Dodaj szynkę i dobrze

wymieszaj. Umieść mieszaninę szynki na blasze do pieczenia i piecz, aż się

rozgrzeje, a szynka nabierze koloru, około 20 do 25 minut. Wyjmij z

piekarnika i odłóż na bok.

Do naczynia z winegretem dodaj kukurydzę, ogórki i pietruszkę i mieszaj, aż będą przykryte. Duży talerz ofiarny wyłóż sałatą Bibb i posyp kaszą. Na kukurydzy ułóż w rzędach czerwoną cebulę, goudę, marynowany groszek i gotową szynkę. Podawać.

Cieszyć się!

Sałatka Z Zielonych Ziemniaków

składniki

7 do 8 szalotek, oczyszczonych, osuszonych i pokrojonych na kawałki, zielone i białe części

1 mały szczypiorek, pokrojony w plasterki

1 łyżeczka. Sól koszerna

Świeżo zmielony biały pieprz

2 łyżki stołowe. wodospad

8 łyżek. Oliwa z oliwek z pierwszego tłoczenia

2 czerwone selery naciowe na masę ciała, umyte

3 liście laurowe

6 łyżek. czarny ocet

2 szalotki, obrane, przekrojone wzdłuż na ćwiartki, pokrojone w cienkie plasterki

2 łyżki stołowe. gładka musztarda Dijon

1 łyżka stołowa. pokrojone kapary

1 łyżeczka. płyn kaparowy

1 pęczek estragonu, posiekanego

metoda

W blenderze zmiksuj szalotkę i szczypiorek. Dodaj sól do smaku. Dodać wodę i zmiksować. Wlać 5 łyżek. oliwy z oliwek z pierwszego tłoczenia na górę miksera, powoli i mieszaj, aż masa będzie gładka. W garnku z wodą zagotuj seler, zmniejsz ogień i doprowadź do wrzenia. Doprawić wodę szczyptą soli i dodać liście laurowe. Gotuj seler do miękkości po przekłuciu czubkiem noża, około 20 minut.

W naczyniu wystarczająco dużym, aby pomieścić seler, wymieszaj czarny ocet, szalotkę, musztardę, kapary i estragon. Dodaj pozostałą oliwę z oliwek z pierwszego tłoczenia. Odcedź seler i usuń liście laurowe.

Na talerzu ułóż seler i ostrożnie posiekaj go zębami widelca. Ostrożnie dopraw boosterem i sodem i dobrze wymieszaj. Na koniec dodaj mieszankę szalotki i oliwę z oliwek z pierwszego tłoczenia. Dobrze wymieszaj. Utrzymuj ciepło w temperaturze 70 stopni, aż będzie gotowe do podania.

Cieszyć się!

Sałatka kukurydziana

składniki

3 kłosy słodkiej kukurydzy

1/2 szklanki pokrojonej cebuli

1/2 szklanki pokrojonej w plasterki papryki

1/2 szklanki pokrojonych w plasterki pomidorów

Sól dla smaku

Do sosu sałatkowego

2 łyżki stołowe. Oliwa z oliwek

2 łyżki stołowe. Sok cytrynowy

2 łyżeczki. Chilli

metoda

Kolby kukurydzy należy prażyć na średnim ogniu, aż się lekko zwęgli. Po upieczeniu kolby należy usunąć jądra za pomocą noża. Teraz weź miskę i wymieszaj ziarna, posiekaną cebulę, paprykę i pomidory z solą, a następnie odłóż miskę na bok. Teraz przygotuj sos sałatkowy, mieszając oliwę z oliwek, sok z cytryny i proszek chili, a następnie pozostaw do ostygnięcia. Przed podaniem polej sałatkę sosem i podawaj.

Cieszyć się!

Sałatka z kapusty i winogron

składniki

2 kapusty, posiekane

2 szklanki zielonych winogron przekrojonych na pół

1/2 szklanki drobno posiekanej kolendry

2 zielone chili, posiekane

Oliwa z oliwek

2 łyżki stołowe. Sok cytrynowy

2 łyżeczki. Cukier puder

Sól i pieprz do smaku

metoda

Aby przygotować sos sałatkowy, do miski włóż oliwę, sok z cytryny, cukier,

sól i pieprz, dobrze wymieszaj i włóż do lodówki. Teraz przenieś resztę

składników do innej miski, dobrze wymieszaj i odłóż na bok. Przed podaniem

sałatki dodać zimny sos sałatkowy i delikatnie wymieszać.

Cieszyć się!

Sałatka cytrusowa

składniki

1 szklanka makaronu pełnoziarnistego, ugotowanego

1/2 szklanki pokrojonej w plasterki papryki

1/2 szklanki marchewki, blanszowanej i posiekanej

1 zielona cebula, posiekana

1/2 szklanki pomarańczy, pokrojonych w ósemki

1/2 szklanki plasterków słodkiej limonki

1 szklanka kiełków fasoli

1 szklanka twarogu o niskiej zawartości tłuszczu

2-3 łyżki. z liści mięty

1 łyżeczka. Musztarda w proszku

2 łyżki stołowe. Cukier puder

Sól dla smaku

metoda

Aby przygotować sos, do miski wsyp twaróg, liście mięty, musztardę w proszku, cukier i sól i dobrze wymieszaj, aż cukier się rozpuści. Resztę składników wymieszaj w drugiej misce i odłóż na bok, aby odpoczęło. Przed podaniem polej sałatkę dressingiem i podawaj na zimno.

Cieszyć się!

Sałatka owocowo-sałatowa

składniki

2-3 liście sałaty, posiekane

1 papaja, posiekana

½ szklanki winogron

2 Pomarańcze

½ szklanki truskawek

1 Arbuz

2 łyżki stołowe. Sok cytrynowy

1 łyżka stołowa. Miód

1 łyżeczka. Czerwone płatki chili

metoda

Do miski włóż sok z cytryny, miód i płatki chili, dobrze je wymieszaj i odłóż

na bok. Teraz weź resztę składników do innej miski i dobrze wymieszaj.

Przed podaniem polej sałatkę dressingiem i od razu podawaj.

Cieszyć się!

Sałatka z jabłek i sałaty

składniki

1/2 szklanki puree z melona

1 łyżeczka. Nasiona kminku, prażone

1 łyżeczka. Kolendra

Sól i pieprz do smaku

2-3 Sałata, pokrojona na kawałki

1 główka kapusty, posiekana

1 marchewka, starta

1 papryka pokrojona w kostkę

2 łyżki stołowe. Sok cytrynowy

½ szklanki posiekanych winogron

2 jabłka, posiekane

2 zielone cebule, posiekane

metoda

Kapustę, sałatę, startą marchewkę i paprykę włóż do garnka, zalej zimną wodą, zagotuj i gotuj, aż będą chrupiące, może to zająć do 30 minut. Na tym etapie odsącz je, zawiąż w ściereczkę i włóż do lodówki. Teraz jabłka należy zalać sokiem z cytryny w misce i przechowywać w lodówce. Teraz weź resztę składników do miski i dobrze je wymieszaj. Podawaj sałatkę natychmiast.

Cieszyć się!

Sałatka z fasoli i papryki

składniki

1 szklanka ugotowanej fasoli pinto

1 szklanka ciecierzycy, namoczonej i ugotowanej

Oliwa z oliwek

2 cebule, posiekane

1 łyżeczka. Kolendra, posiekana

1 pieprz

2 łyżki stołowe. Sok cytrynowy

1 łyżeczka. Chilli

sól

metoda

Paprykę nakłuć widelcem, posmarować olejem i smażyć na małym ogniu. W tym momencie paprykę zanurzamy w zimnej wodzie, następnie usuwamy przypaloną skórkę i kroimy ją w plasterki. Do chili dodaj resztę składników i dobrze wymieszaj. Przed podaniem odstaw do ostygnięcia na godzinę lub dłużej.

Cieszyć się!!

Sałatka z marchwi i daktyli

składniki

1 ½ szklanki startej marchewki

1 główka sałaty

2 łyżki stołowe. prażonych i posiekanych migdałów

Sos miodowo-cytrynowy

metoda

Startą marchewkę zalać garnkiem z zimną wodą i pozostawić na około 10 minut, następnie odcedzić. Teraz to samo należy powtórzyć z główką sałaty.

Teraz weź marchewkę i sałatę wraz z pozostałymi składnikami do miski i włóż do lodówki przed podaniem. Sałatkę podawaj posypaną prażonymi i posiekanymi migdałami.

Cieszyć się!!

Kremowy sos do sałatek paprykowych

składniki

2 szklanki majonezu

1/2 szklanki mleka

wodospad

2 łyżki stołowe. Ocet jabłkowy

2 łyżki stołowe. Sok cytrynowy

2 łyżki stołowe. parmezan

sól

Szczypta sosu chilli

Odrobina sosu Worcestershire

metoda

Weź dużą miskę, zbierz wszystkie składniki do środka i dobrze je wymieszaj,
tak aby nie było grudek. Gdy mieszanina uzyska pożądaną kremową
konsystencję, wlej ją do świeżej sałatki owocowo-warzywnej i wtedy sałatka
z dressingiem sałatkowym będzie gotowa do podania. Ten kremowo-
pikantny dressing paprykowy doskonale komponuje się nie tylko z sałatkami,
ale można go także podawać z kurczakiem, burgerami i kanapkami.

Cieszyć się!

Sałatka Hawajska

składniki

Do sosu pomarańczowego

Łyżka. mąki kukurydzianej

Około filiżanki dyni pomarańczowej

1/2 szklanki soku pomarańczowego

Proszek cynamonowy

na sałatkę

5-6 liści sałaty

1 ananas, pokrojony w kostkę

2 banany, pokrojone na kawałki

1 Ogórek pokroić w kostkę

2 pomidory

2 pomarańcze, pokrojone w ósemki

4 czarne daty

Sól dla smaku

metoda

Aby przygotować sos sałatkowy, weź miskę i wymieszaj skrobię
kukurydzianą z sokiem pomarańczowym, następnie dodaj do miski dynię
pomarańczową i gotuj, aż konsystencja sosu zgęstnieje. Następnie do miski
dodaj proszek cynamonowy i chili i pozostaw do ostygnięcia w lodówce na
kilka godzin. Następnie przygotuj sałatkę, włóż liście sałaty do miski i zalej
wodą na około 15 minut. Teraz pokrojone w plasterki pomidory należy
umieścić w misce z kawałkami ananasa, jabłkiem, bananem, ogórkiem i
cząstkami pomarańczy w środku, posolić do smaku i dobrze wymieszać.
Teraz dodaj go do liści sałaty i polej sałatkę zimnym dressingiem przed
podaniem.

Cieszyć się!!

Sałatka z kurczakiem curry

składniki

2 piersi z kurczaka bez kości i skóry, ugotowane i przekrojone na pół

3 - 4 łodygi selera, posiekane

1/2 szklanki majonezu o niskiej zawartości tłuszczu

2-3 łyżeczki. curry w proszku

metoda

Do średniej wielkości miski włóż ugotowane piersi z kurczaka bez kości i skóry, resztę składników, seler, majonez o niskiej zawartości tłuszczu, curry w proszku i dobrze wymieszaj. Zatem ten pyszny i łatwy przepis jest gotowy do podania. Sałatkę tę można wykorzystać jako nadzienie kanapkowe z sałatą na wierzchu chleba.

Cieszyć się!!

Sałatka ze szpinaku i truskawek

składniki

2 łyżeczki. ziarenka sezamu

2 łyżeczki. MAK

2 łyżeczki. biały cukier

Oliwa z oliwek

2 łyżeczki. Papryka

2 łyżeczki. biały ocet

2 łyżeczki. sos Worcestershire

Posiekana cebula

Szpinak umyć i pokroić na kawałki

Ćwierć truskawek pokroić na kawałki

Mniej niż filiżanka migdałów, posrebrzanych i blanszowanych

metoda

Weź średniej wielkości miskę; wymieszaj mak, nasiona sezamu, cukier, oliwę z oliwek, ocet i paprykę razem z sosem Worcestershire i cebulą. Dobrze je wymieszaj i przykryj, a następnie zamrażaj na co najmniej godzinę. Weź kolejną miskę i wymieszaj szpinak, truskawki i migdały, następnie polej mieszanką ziół i włóż sałatkę do lodówki przed podaniem na co najmniej 15 minut.

Cieszyć się!

Sałatka restauracyjna

składniki

Jeden 16-uncjowy worek mieszanki sałatki coleslaw

1 cebula, pokrojona w kostkę

Mniej niż filiżanka kremowego sosu sałatkowego

Olej roślinny

1/2 szklanki białego cukru

sól

MAK

biały ocet

metoda

Weź dużą miskę; wymieszaj razem sałatkę coleslaw i cebulę. Teraz weź kolejną miskę i wymieszaj sos sałatkowy, olej roślinny, ocet, cukier, sól i mak. Po dokładnym wymieszaniu, dodaj mieszaninę do mieszanki sałatki coleslaw i dobrze ją pokryj. Przed podaniem pysznej sałatki włóż ją do lodówki na co najmniej godzinę lub dwie.

Cieszyć się!

Klasyczna sałatka makaronowa

składniki

4 szklanki makaronu łokciowego, niegotowanego

1 szklanka majonezu

Mniej niż filiżanka destylowanego białego octu

1 szklanka cukru białego

1 łyżeczka. Musztarda

sól

Czarny pieprz, mielony

Jedna duża cebula, drobno posiekana

Około szklanki startej marchwi

2-3 łodygi selera

2 posiekane papryczki Pimento

metoda

Weź duży garnek, wlej do niego osoloną wodę, zagotuj, dodaj makaron, ugotuj go i odstaw do ostygnięcia na około 10 minut, a następnie odcedź. Teraz weź dużą miskę, dodaj ocet, majonez, cukier, ocet, musztardę, sól i pieprz i dobrze wymieszaj. Gdy składniki dobrze się połączą, dodaj seler, zieloną paprykę, papryczkę pimento, marchewkę i makaron i ponownie dobrze wymieszaj. Po dokładnym wymieszaniu wszystkich składników odstawiamy do lodówki na co najmniej 4-5 godzin przed podaniem pysznej sałatki.

Cieszyć się!

Sałatka z gruszek Roquefort

składniki

Sałata, pokrojona na kawałki

Około 3-4 gruszki, obrane i posiekane

Puszka sera Roquefort, startego lub pokruszonego

Zielona cebula, pokrojona w plasterki

Około szklanki białego cukru

1/2 puszki orzechów pekan

Oliwa z oliwek

2 łyżeczki. czerwony ocet winny

Musztarda do smaku

Ząbek czosnku

Sól i czarny pieprz do smaku

metoda

Weź patelnię i rozgrzej olej na średnim ogniu, następnie wymieszaj cukier z

orzechami pekan i kontynuuj mieszanie, aż cukier się rozpuści, a orzechy

pekan się skarmelizują, a następnie pozostaw je do ostygnięcia. Teraz weź

kolejną miskę, dodaj olej, ocet, cukier, musztardę, czosnek, sól i czarny

pieprz i dobrze wymieszaj. Teraz wymieszaj w misce sałatę, gruszki i ser

pleśniowy, awokado i zieloną cebulę, następnie dodaj mieszankę dressingu,

a następnie posyp karmelizowanymi orzechami pekan i podawaj.

Cieszyć się!!

Sałatka z tuńczyka Barbie

składniki

Puszka tuńczyka białego

½ szklanki majonezu

Łyżka. z parmezanu

Słodka marynata, do smaku

Płatki cebulowe do smaku

Curry w proszku, do smaku

Suszona pietruszka do smaku

Chwasty koperkowe, suszone, do smaku

Czosnek w proszku, do smaku

metoda

Weź miskę, dodaj wszystkie składniki i dobrze wymieszaj. Przed podaniem

odstaw je na godzinę do ostygnięcia.

Cieszyć się!!

Wakacyjna sałatka z kurczakiem

składniki

1 funt mięsa z kurczaka, gotowanego

Kubek majonezu

Łyżeczka do herbaty. z papryki

Około dwóch szklanek suszonej żurawiny

2 zielone cebule, drobno posiekane

2 zielone papryki, posiekane

Jedna szklanka posiekanych orzechów pekan

Sól i czarny pieprz do smaku

metoda

Weź średniej wielkości miskę, wymieszaj majonez, paprykę, a następnie doderaw do smaku i dodaj sól, jeśli to konieczne. Teraz weź żurawinę, seler, paprykę, cebulę i orzechy i dobrze je wymieszaj. W tym momencie dodajesz ugotowanego kurczaka i ponownie dobrze mieszasz. Dopraw je do smaku i jeśli to konieczne, dodaj trochę mielonego czarnego pieprzu. Przed podaniem odstawić do ostygnięcia na co najmniej godzinę.

Cieszyć się!!

Meksykańska sałatka z fasoli

składniki

Puszka czarnej fasoli

Puszka czerwonej fasoli

Puszka fasoli cannellini

2 zielone papryki, posiekane

2 czerwone papryki

Opakowanie mrożonych ziaren kukurydzy

1 czerwona cebula, drobno posiekana

Oliwa z oliwek

1 łyżka stołowa. czerwony ocet winny

½ szklanki soku z cytryny

sól

1 czosnek, zmiażdżony

1 łyżka stołowa. kolendra

1 łyżeczka. Kminek, mielony

czarny pieprz

1 łyżeczka. Ostry sos

1 łyżeczka. Chilli

metoda

Weź miskę i wymieszaj fasolę, paprykę, mrożoną kukurydzę i czerwoną cebulę. Teraz weź kolejną małą miskę, wymieszaj oliwę, ocet winny, sok z cytryny, kolendrę, kminek, czarny pieprz, a następnie dopraw do smaku i dodaj ostry sos z chilli w proszku. Wlać dressing i dobrze wymieszać. Przed podaniem należy je ostudzić przez około godzinę lub dwie.

Cieszyć się!!

Sałatka z makaronem ranczo z bekonem

składniki

Słoik surowego tricolor rotini

9-10 plasterków boczku

Kubek majonezu

Mieszanka sosów sałatkowych

1 łyżeczka. Czosnek w proszku

1 łyżeczka. pieprz czosnkowy

1/2 szklanki mleka

1 pomidor, posiekany

Puszka czarnych oliwek

Jedna filiżanka sera cheddar, startego

metoda

Na patelnię wlej trochę osolonej wody i zagotuj. Gotuj makaron, aż zmięknie, około 8 minut. W tym momencie weź patelnię, rozgrzej olej na patelni i usmaż boczek, a gdy będzie ugotowany, odcedź go, a następnie posiekaj. Weź kolejną miskę i dodaj pozostałe składniki, a następnie dodaj je do makaronu i boczku. Podawać odpowiednio wymieszane.

Cieszyć się!!

Sałatka z czerwonych ziemniaków

składniki

4 młode czerwone ziemniaki, oczyszczone i umyte

2 jajka

Kilogram boczku

Cebula, drobno posiekana

Jedna łodyga selera, posiekana

Około 2 szklanek majonezu

Sól i pieprz do smaku

metoda

Do garnka wlej trochę osolonej wody i zagotuj, następnie dodaj młode

ziemniaki i gotuj przez około 15 minut, aż będą miękkie. Następnie odcedź

ziemniaki i pozwól im ostygnąć. Teraz włóż jajka na patelnię i zalej zimną

wodą, a następnie zagotuj wodę, a następnie zdejmij patelnię z ognia i

odstaw na bok. W tym momencie ugotuj boczek, odcedź go i odłóż na bok.

Na tym etapie dodać składniki z ziemniakami i boczkiem i dobrze wymieszać.

Ostudzić i podawać.

Cieszyć się!!

Sałatka z czarnej fasoli i kuskusu

składniki

Filiżanka kuskusu, surowego

Około dwóch szklanek bulionu z kurczaka

Oliwa z oliwek

2-3 łyżki. Sok limonkowy

2-3 łyżki. czerwony ocet winny

Kminek

2 zielone cebule, posiekane

1 czerwona papryka, posiekana

Kolendra, świeżo posiekana

Kubek mrożonych ziaren kukurydzy

Dwie puszki czarnej fasoli

Sól i pieprz do smaku

metoda

Zagotuj bulion z kurczaka, dodaj kuskus i ugotuj go pod przykryciem, a

następnie odłóż na bok. Teraz wymieszaj oliwę z oliwek, sok z limonki, ocet i

kminek, następnie dodaj cebulę, pieprz, kolendrę, kukurydzę, fasolę i

obsmaż. Na tym etapie wymieszaj wszystkie składniki i odstaw na kilka

godzin do ostygnięcia przed podaniem.

Cieszyć się!!

Sałatka grecka z kurczakiem

składniki

2 szklanki ugotowanego mięsa z kurczaka

1/2 szklanki marchewki, pokrojonej w plasterki

1/2 szklanki ogórka

Około szklanki posiekanych czarnych oliwek

Około filiżanki sera feta, posiekanego lub pokruszonego

Sos do sałatek włoskich

metoda

Weź dużą miskę, weź ugotowanego kurczaka, marchewkę, ogórek, oliwki i ser i dobrze wymieszaj. Teraz dodaj mieszankę sosu sałatkowego i ponownie dobrze wymieszaj. Teraz włóż miskę do lodówki, przykrywając ją. Podawać na zimno.

Cieszyć się!!

Fantazyjna sałatka z kurczakiem

składniki

½ szklanki majonezu

2 łyżki stołowe. Ocet jabłkowy

1 czosnek, posiekany

1 łyżeczka. Świeży koperek, drobno posiekany

Kilogram gotowanej piersi z kurczaka bez skóry i kości

½ szklanki sera feta, posiekanego

1 czerwona papryka

metoda

Majonez, ocet, czosnek i koper należy dobrze wymieszać i przechowywać w lodówce co najmniej 6-7 godzin lub przez całą noc. Teraz należy wymieszać z nim kurczaka, paprykę i ser, następnie odstawić na kilka godzin do ostygnięcia i podawać zdrową i pyszną sałatkę według przepisu.

Cieszyć się!!

Owocowa sałatka z kurczakiem curry

składniki

4-5 piersi z kurczaka, ugotowanych

Jedna łodyga selera, posiekana

Zielone cebule

Około filiżanki złotych rodzynek

Jabłko obrane i pokrojone w plasterki

Orzechy pekan, tosty

Zielone winogrona, bez pestek i przekrojone na pół

curry w proszku

Jedna filiżanka majonezu o niskiej zawartości tłuszczu

metoda

Weź dużą miskę i weź wszystkie składniki, takie jak seler, cebula, rodzynki, pokrojone jabłka, prażone orzechy pekan, zielone winogrona bez pestek z curry i majonezem i dobrze je wymieszaj. Gdy dobrze się połączą, odstawiamy na kilka minut, a następnie podajemy pyszną i zdrową sałatkę z kurczakiem.

Cieszyć się!!

Wspaniała sałatka z kurczakiem curry

składniki

Około 4-5 piersi z kurczaka bez kości i skóry, przekrojonych na pół

Kubek majonezu

Około filiżanki chutneyu

Łyżeczka do herbaty. curry w proszku

Około łyżeczki. pieprzu

Orzechy pekan, około filiżanki, posiekane

Jedna filiżanka winogron pozbawionych pestek i przeciętych na pół

1/2 szklanki cebuli, drobno posiekanej

metoda

Weź dużą patelnię, smaż piersi z kurczaka przez około 10 minut, a gdy będą gotowe, rozerwij je na kawałki za pomocą widelca. Następnie odcedź je i pozwól im ostygnąć. Teraz weź kolejną miskę i dodaj majonez, chutney, curry i pieprz, a następnie wymieszaj. Następnie wymieszaj ugotowane i posiekane piersi z kurczaka z mieszanką, a następnie dodaj orzechy pekan, curry i pieprz. Przed podaniem sałatkę należy schłodzić przez kilka godzin. Sałatka ta jest idealnym wyborem do burgerów i kanapek.

Cieszyć się!

Pikantna sałatka z marchwi

składniki

2 marchewki, posiekane

1 czosnek, posiekany

Około szklanki wody 2-3 łyżki. Sok cytrynowy

Oliwa z oliwek

Sól dla smaku

Pieprz do smaku

kawałki papryczki chili

Pietruszka, świeża i posiekana

metoda

Włóż marchewki do kuchenki mikrofalowej i gotuj przez kilka minut z posiekanym czosnkiem i wodą. Wyjmij go z kuchenki mikrofalowej, gdy marchewka będzie ugotowana i miękka. Następnie odcedź marchewki i odłóż je na bok. Teraz do miski z marchewką należy dodać sok z cytryny, oliwę, płatki pieprzu, sól i pietruszkę i dobrze wymieszać. Pozostawić do ostygnięcia na kilka godzin i wtedy pyszna pikantna sałatka jest gotowa do podania.

Cieszyć się!!

Azjatycka sałatka jabłkowa

składniki

2-3 łyżeczki. Ocet ryżowy 2-3 łyżki. Sok limonkowy

Sól dla smaku

cukier

1 łyżeczka. Sos rybny

1 julienne jicama

1 jabłko, posiekane

2 cebule dymki, drobno posiekane

Mennica

metoda

Ocet ryżowy, sól, cukier, sok z limonki i sos rybny należy dobrze wymieszać w średniej misce. Po dokładnym wymieszaniu jicamy pokrojone w paski julienne należy wrzucić do miski z pokrojonymi na kawałki jabłkami i dobrze wymieszać. Następnie dodaje się szalotkę i miętę i miesza. Przed podaniem sałatki z kanapką lub burgerem należy ją chwilę ostudzić.

Cieszyć się!!

Sałatka z dyni i kaszy jęczmiennej

składniki

1 cukinia

2 szalotki, posiekane

1 żółta dynia

Oliwa z oliwek

Puszka gotowanego jęczmienia

koperek

Pietruszka

½ szklanki startego sera koziego

Pieprz i sól do smaku

metoda

Cukinie, posiekaną szalotkę i żółtą dynię należy zrumienić na oliwie z oliwek na średnim ogniu. Należy je gotować kilka minut, aż zmiękną. Teraz przekładamy je do miski, dodajemy ugotowaną kaszę jęczmienną, natkę pietruszki, posiekany ser kozi, koperek, sól i pieprz i ponownie mieszamy. Przed podaniem sałatkę należy pozostawić na kilka godzin do ostygnięcia.

Cieszyć się!!

Sałatka z rzeżuchą wodną

składniki

1 arbuz, pokroić w kostkę

2 brzoskwinie, pokrojone w ósemki

1 pęczek rzeżuchy

Oliwa z oliwek

½ szklanki soku z cytryny

Sól dla smaku

Pieprz do smaku

metoda

Kostki arbuza i cząstki brzoskwini należy wymieszać z rzeżuchą w średniej wielkości misce, a następnie skropić oliwą i sokiem z limonki. Następnie dopraw je do smaku i jeśli to konieczne, dodaj sól i pieprz według smaku. Gdy wszystkie składniki dobrze się połączą i dobrze wymieszają, odłóż je na bok lub możesz też przechować w lodówce na kilka godzin i wtedy smaczna, ale zdrowa sałatka owocowa będzie gotowa do podania.

Cieszyć się!!

Sałatka Caesar

składniki

3 ząbki czosnku, posiekane

3 sardele

½ szklanki soku z cytryny

1 łyżeczka. sos Worcestershire

Oliwa z oliwek

Jedno żółtko

1 głowa Romaine

½ szklanki startego parmezanu

toast

metoda

Zmiksuj posiekane ząbki czosnku z anchois i sokiem z cytryny, dodaj sos Worcestershire, sól, pieprz i żółtko i ponownie wymieszaj, aż uzyskasz gładką masę. Tę mieszaninę należy przygotować przy pomocy wolnoobrotowego blendera, teraz powoli i stopniowo wraz z nią dodawać oliwę, a następnie wrzucać do niej rzymską sałatę. Następnie mieszaninę należy odstawić na chwilę. Sałatkę podawaj z posypką parmezanu i grzankami.

Cieszyć się!!

Sałatka z kurczakiem i mango

składniki

2 piersi z kurczaka, bez kości, pokrojone na kawałki

Zielone mescluns

2 mango, pokrojone w kostkę

¼ szklanki soku z cytryny

1 łyżeczka. Tarty imbir

2 łyżeczki. Miód

Oliwa z oliwek

metoda

W misce wymieszaj sok z cytryny z miodem, następnie dodaj starty imbir i oliwę. Po dokładnym wymieszaniu składników w misce odstawić. Dlatego kurczaka należy grillować, a następnie pozostawić do ostygnięcia, a po ostygnięciu pokroić w kostkę nadającą się do kęsa. Następnie przełóż kurczaka do miski i dobrze wymieszaj z warzywami i mango. Po dokładnym wymieszaniu wszystkich składników odstawiamy do wystygnięcia i podajemy pyszną i ciekawą sałatkę.

Cieszyć się!!

Sałatka pomarańczowa z mozzarellą

składniki

2-3 pomarańcze pokroić w plasterki

Ser mozzarella

Świeże liście bazylii, porwane na kawałki

Oliwa z oliwek

Sól dla smaku

Pieprz do smaku

metoda

Plasterki mozzarelli i pomarańczy należy wymieszać razem z posiekanymi liśćmi świeżej bazylii. Po dokładnym wymieszaniu całość skrapiamy oliwą i doprawiamy do smaku. Następnie, jeśli to konieczne, dodać sól i pieprz do smaku. Przed podaniem sałatkę należy odstawić na kilka godzin do ostygnięcia, dzięki czemu sałatka nabierze odpowiedniego smaku.

Cieszyć się!!

Sałatka z trzech fasoli

składniki

1/2 szklanki octu jabłkowego

Około szklanki cukru

Szklanka oleju roślinnego

Sól dla smaku

½ szklanki zielonej fasolki

½ szklanki fasoli woskowej

½ szklanki fasoli pinto

2 czerwone cebule, drobno posiekane

Sól i pieprz do smaku

Liście pietruszki

metoda

W rondelku zagotuj ocet jabłkowy z olejem roślinnym, cukrem i solą,

zagotuj, następnie dodaj fasolę z pokrojoną w plasterki czerwoną cebulą i

marynuj przez co najmniej godzinę. Po godzinie doprawiamy solą,

ewentualnie doprawiamy solą i pieprzem, po czym podajemy ze świeżą

natką pietruszki.

Cieszyć się!!

Sałatka z tofu i miso

składniki

1 łyżeczka. Imbir, drobno posiekany

3-4 łyżki. z miso

wodospad

1 łyżka stołowa. octu ryżowego

1 łyżeczka. Sos sojowy

1 łyżeczka. Chilli pasta

1/2 szklanki oleju arachidowego

Jeden młody szpinak, posiekany

½ szklanki tofu, pokrojonego na kawałki

metoda

Posiekany imbir należy zmiksować z miso, wodą, octem ryżowym, sosem sojowym i pastą chili. Następnie tę mieszaninę należy wymieszać z pół szklanki oleju arachidowego. Gdy dobrze się połączą, dodajemy pokrojone w kostkę tofu i posiekany szpinak. Ostudzić i podawać.

Cieszyć się!!

Japońska sałatka z rzodkiewki

składniki

1 Arbuz pokroić w plasterki

1 rzodkiewka, pokrojona w plasterki

1 szalotka

1 pęczek Baby green

Wizjer

1 łyżeczka. Ocet ryżowy

1 łyżeczka. Sos sojowy

1 łyżeczka. Tarty imbir

sól

olej sezamowy

Olej roślinny

metoda

Do miski włóż arbuza, rzodkiewkę z szalotką i zieleniną i odłóż na bok. Teraz weź kolejną miskę, dodaj mirin, ocet, sól, starty imbir, sos sojowy z olejem sezamowym i olejem roślinnym, a następnie dobrze wymieszaj. Gdy składniki w misce zostaną dobrze wymieszane, rozsmaruj tę mieszaninę na misce z arbuzami i rzodkiewkami. Tak więc ciekawa, ale smaczna sałatka jest gotowa do podania.

Cieszyć się!!

Sałatka południowo-zachodnia

składniki

1 szklanka majonezu

1 szklanka maślanki

1 łyżeczka. Ostry sos Worcestershire

1 łyżeczka. kolendra

3 dymki

1 łyżka stołowa. skórka pomarańczy

1 czosnek, posiekany

1 głowa Romaine

1 awokado, pokrojone w kostkę

Jicama

½ szklanki ostrego sera, posiekanego lub pokruszonego

2 pomarańcze, pokrojone w ósemki

Sól dla smaku

metoda

Majonez i maślankę należy wymieszać z ostrym sosem Worcestershire, szalotką, skórką pomarańczową, kolendrą, mielonym czosnkiem i solą. Teraz weź kolejną miskę i wymieszaj rzymską, awokado i jicamę z pomarańczami i startym serem. W tym momencie na miskę z pomarańczami wlać puree maślankowe i odstawić przed podaniem, aby sałatka nabrała odpowiedniego smaku.

Cieszyć się!!

Sałatka caprese z makaronem

składniki

1 opakowanie Fusilli

1 szklanka mozzarelli, pokrojonej w kostkę

2 pomidory pozbawione nasion i posiekane

Świeże liście bazylii

¼ szklanki orzeszków piniowych, prażonych

1 czosnek, posiekany

Sól i pieprz do smaku

metoda

Fusilli należy ugotować zgodnie z instrukcją, a następnie odstawić do ostygnięcia. Po ostygnięciu wymieszać z mozzarellą, pomidorami, prażonymi orzeszkami piniowymi, posiekanym czosnkiem i listkami bazylii, doprawić do smaku, w razie potrzeby dodając sól i pieprz. Odstaw całą mieszankę sałat do ostygnięcia, a następnie podawaj z kanapkami, burgerami lub dowolnym posiłkiem.

Cieszyć się!!

Sałatka z wędzonego pstrąga

składniki

2 łyżki stołowe. Ocet jabłkowy

Oliwa z oliwek

2 szalotki, posiekane

1 łyżeczka. chrzan

1 łyżeczka. musztarda Dijon

1 łyżeczka. Miód

Sól i pieprz do smaku

1 puszka Pstrąga wędzonego, płatkowanego

2 jabłka, pokrojone w plasterki

2 buraki, pokrojone w plasterki

Rakieta

metoda

Weź dużą miskę, wrzuć płatki wędzonego pstrąga z jabłkami w julienne, burakami i rukolą, a następnie odłóż miskę na bok. Teraz weź kolejną miskę i wymieszaj ocet jabłkowy, oliwę z oliwek, chrzan, posiekaną szalotkę, miód i musztardę Dijon, a następnie dopraw mieszaninę do smaku i jeśli to konieczne, dodaj sól i pieprz według własnego gustu. Teraz weź tę mieszaninę i wylej ją na miskę z jabłkami w julienne, dobrze wymieszaj, a następnie podawaj sałatkę.

Cieszyć się!!

Sałatka jajeczna z fasolą

składniki

1 szklanka fasolki szparagowej, blanszowanej

2 rzodkiewki, pokrojone w plasterki

2 jajka

Oliwa z oliwek

Sól i pieprz do smaku

metoda

Jajka należy najpierw ugotować z boćwiną, a następnie wymieszać z

blanszowaną fasolką szparagową i pokrojoną w plasterki rzodkiewką.

Dobrze wymieszaj, następnie skrop oliwą i dodaj sól i pieprz do smaku. Gdy

wszystkie składniki zostaną dobrze wymieszane, odłóż je na bok i poczekaj,

aż ostygną. Gdy mieszanina ostygnie, sałatka jest gotowa do podania.

Cieszyć się!!

Sałatka ambrozjańska

składniki

1 szklanka mleka kokosowego

2-3 plasterki skórki pomarańczowej

Kilka kropli esencji waniliowej

1 szklanka winogron, pokrojona w plasterki

2 mandarynki, pokrojone w plasterki

2 jabłka, pokrojone w plasterki

1 kokos, starty i uprażony

10-12 orzechów włoskich, zmiażdżonych

metoda

Weź średniej wielkości miskę i wymieszaj mleko kokosowe, skórkę

pomarańczową z esencją waniliową. Gdy dobrze się ubije, dodajemy

pokrojoną w plasterki mandarynkę wraz z pokrojonymi jabłkami i

winogronami. Po dokładnym wymieszaniu wszystkich składników, włóż je do

lodówki na godzinę lub dwie, przed podaniem pysznej sałatki. Gdy sałatka

ostygnie, podawaj ją z kanapką lub hamburgerem.

Cieszyć się!!

Sałatka klinowa

składniki

Kubek majonezu

Kubek sera pleśniowego

1/2 szklanki maślanki

szalotka

Skórka cytrynowa

sos Worcestershire

Świeże liście pietruszki

Segmenty góry lodowej

1 jajko, ugotowane na twardo

1 szklanka pokruszonego boczku

Sól i pieprz do smaku

metoda

Zmiksuj majonez z gorgonzolą, maślanką, szalotką, sosem, skórką cytryny i natką pietruszki. Po przygotowaniu puree doprawić do smaku i w razie potrzeby dodać soli i pieprzu do smaku. Teraz weź kolejną miskę i wrzuć kawałki góry lodowej do miski z jajkiem mimozy, tak aby jajko mimozy przelało jajka na twardo przez sitko. Teraz wlej puree majonezowe na miskę z kawałkami mimozy i dobrze wymieszaj. Sałatkę należy podawać smarując wierzch świeżym boczkiem.

Cieszyć się!!

Sałatka z hiszpańskiej papryki

składniki

3 dymki

4-5 oliwek

2 ziele angielskie

2 łyżki stołowe. ocet sherry

1 główka papryki wędzonej

1 głowa Romaine

1 garść migdałów

Ząbek czosnku

Kromki chleba

metoda

Szalotkę należy zgrillować, a następnie pokroić na kawałki. Teraz weź kolejną miskę i włóż do niej paprykę i oliwki, migdały, wędzoną paprykę, ocet, sałatę rzymską oraz grillowaną i posiekaną szalotkę. Składniki w misce dobrze wymieszaj i odłóż na bok. W tym momencie grillujesz kromki chleba, a kiedy już się usmażą, nacierasz je ząbkami czosnku, a następnie wylewasz mieszankę pieprzową na grillowany chleb.

Cieszyć się!!

Sałatka z mimozy

składniki

2 jajka, ugotowane na twardo

½ szklanki masła

1 główka sałaty

Ocet

Oliwa z oliwek

Zioła, posiekane

metoda

W średniej wielkości misce wymieszaj sałatę, masło z octem, oliwą i

posiekanymi ziołami. Po dokładnym wymieszaniu składników w misce

odstaw miskę na chwilę na bok. W międzyczasie przygotuj mimozę. Aby

przygotować mimozę, należy najpierw obrać ugotowane jajka, a następnie

za pomocą sitka odsączyć ugotowane jajka i mimoza jajko jest gotowe. Teraz tę mimozę jajeczną należy wylać na salaterkę, przed podaniem pysznej

sałatki z mimozy.

Cieszyć się!!

Klasyczna sałatka Waldorf

składniki

1/2 szklanki majonezu

2-3 łyżki. Kwaśna śmietana

2 szczypiorek

2-3 łyżki. Pietruszka

1 skórka i sok z cytryny

cukier

2 jabłka, posiekane

1 łodyga selera, posiekana

Orzechy

metoda

Weź miskę, a następnie majonez, śmietanę należy ubić ze szczypiorkiem, skórką i sokiem z cytryny, natką pietruszki, pieprzem i cukrem. Gdy składniki w misce zostaną dobrze wymieszane, odłóż je na bok. Teraz weź kolejną miskę i wrzuć jabłka, posiekany seler i orzechy włoskie. Teraz weź mieszankę majonezową i dopraw ją jabłkami i selerem. Wszystkie składniki dobrze wymieszaj, odstaw miskę na chwilę i podawaj sałatkę.

Cieszyć się!!

Sałatka grochowa

składniki

Sok limonkowy

1 czosnek, posiekany

1 łyżeczka. Kminek, mielony

sól

kolendra

Oliwa z oliwek

1 szklanka groszku czarnookiego

1 Jalapeno, posiekane lub zmiksowane

2 pomidory pokrojone w kostkę

2 czerwone cebule, drobno posiekane

2 awokado

metoda

Sok z limonki należy wymieszać z czosnkiem, kminkiem, kolendrą, solą i oliwą z oliwek. Kiedy wszystkie te składniki dobrze się połączą, dopraw tę mieszankę puree z papryczek jalapeno, groszkiem czarnookim, awokado i drobno posiekaną czerwoną cebulą. Gdy wszystkie składniki zostaną dobrze wymieszane, sałatkę odstawiamy na kilka minut i podajemy.

Cieszyć się!!

Sałatka Z Kurczaka I Jęczmienia

składniki

1 szklanka surowego jęczmienia

1/2 łyżeczki starta skórka z cytryny

6 łyżek. świeży sok z cytryny

2 łyżki stołowe. Oliwa z oliwek z pierwszego tłoczenia

1 łyżeczka. Sól koszerna

1 łyżeczka. mielony czosnek

1/2 łyżeczki Miód

1/4 łyżeczki Świeżo zmielony czarny pieprz

2 szklanki rozdrobnionej piersi kurczaka z rożna, bez kości i skóry

1 szklanka pokrojonego w kostkę ogórka angielskiego

1 szklanka czerwonej papryki

2/3 szklanki cienko pokrojonej zielonej cebuli

2 łyżki stołowe. posiekany świeży koperek

1 szklanka pokruszonego sera koziego

metoda

Przygotuj jęczmień zgodnie z instrukcją producenta. Odcedzić i zalać zimną wodą, ponownie odcedzić i przełożyć do dużej miski. W misce połącz skórkę z cytryny, sok z cytryny, olej, koszerny, czosnek, miód i pieprz. Mieszaj, aż się połączą. Tą mieszaniną polej przygotowany makaron i dobrze wymieszaj.

Wymieszaj kurczaka, ogórek, czerwoną paprykę, zieloną cebulę i koperek.

Dobrze rzuca. Posyp serem i natychmiast podawaj.

Cieszyć się!

Sałatka z halibuta i brzoskwiń

składniki

6 łyżek. oliwa z oliwek z pierwszego tłoczenia, podzielona

8 x 6-uncjowych filetów z halibuta

1 łyżeczka. sól koszerna, podzielona

1 łyżeczka. świeżo zmielony czarny pieprz, podzielony

4 łyżki posiekana świeża mięta

4 łyżki świeży sok z cytryny

2 łyżeczki. syrop klonowy

12 szklanek liści szpinaku baby

4 średnie brzoskwinie, przekrojone na pół i pokrojone w plasterki

1 ogórek angielski przekrojony wzdłuż na pół i pokrojony w plasterki

1/2 szklanki prażonych, pokrojonych migdałów

metoda

Filety z halibuta posyp odrobiną soli i pieprzu. Połóż rybę na rozgrzanej

patelni i smaż z obu stron przez 6 minut lub do momentu, aż ryba lekko się

łuszczy po przekrojeniu widelcem. W dużej misce wymieszaj sól, pieprz, olej,

sok z cytryny, miętę i syrop klonowy i wymieszaj, aż składniki się połączą.

Dodać szpinak, brzoskwinie i ogórek i dobrze wymieszać. Podczas

serwowania połóż filet na sałatce i udekoruj migdałami.

Cieszyć się!

Sałatka z buraków i sera

składniki

2 szklanki podartych świeżych liści mięty

2/3 szklanki czerwonej cebuli, pokrojonej w cienkie plasterki pionowo

2,6-uncjowe opakowanie jarmużu

1/2 szklanki 2% niskotłuszczowego jogurtu greckiego

4 łyżki beztłuszczowa maślanka

4 łyżeczki. Ocet z białego wina

3 łyżeczki. Oliwa z oliwek z pierwszego tłoczenia

1/2 łyżeczki Sól koszerna

1/2 łyżeczki Świeżo zmielony czarny pieprz

8 dużych jajek na twardo, przekrojonych wzdłuż na ćwiartki

Opakowanie 2,8 uncji obranych i gotowanych na parze buraków, pokrojone

na ćwiartki

1 szklanka grubo posiekanych orzechów włoskich

4 uncje sera pleśniowego, pokruszonego

metoda

W dużej misce wymieszaj cebulę, jarmuż, jajka, buraki i miętę. W drugiej

misce wymieszaj jogurt grecki, maślankę, ocet, olej, sól i pieprz. Mieszaj, aż

wszystkie składniki dobrze się połączą. Tuż przed podaniem polej sałatkę

sosem i podawaj udekorowaną orzechami włoskimi i serem.

Włoska zielona sałatka

składniki

4 szklanki sałaty rzymskiej – podarte, umyte i osuszone

2 szklanki podartej escaroli

2 szklanki podartego radicchio

2 szklanki porwanej czerwonej sałaty

1/2 szklanki posiekanej zielonej cebuli

1 czerwona papryka, pokrojona w pierścienie

1 zielona papryka, pokrojona w pierścienie

24 pomidorki koktajlowe

1/2 szklanki oleju z pestek winogron

1/4 szklanki posiekanej świeżej bazylii

1/2 szklanki octu balsamicznego

1/4 szklanki soku z cytryny

Sól i pieprz do smaku

metoda

Na sałatkę: W misce wymieszaj sałatę rzymską, escarole, sałatę czerwoną, radicchio, szalotkę, pomidorki cherry, paprykę zieloną i paprykę czerwoną.

Sos: w małej misce połącz bazylię, ocet balsamiczny, olej z pestek winogron, sok z cytryny i dobrze wymieszaj. Doprawić solą i pieprzem.

Tuż przed podaniem polej sałatkę sosem i dobrze wymieszaj, aby pokryć nią sałatkę. Natychmiast podawaj.

Cieszyć się!

www.ingramcontent.com/pod-product-compliance
Lightning Source LLC
Chambersburg PA
CBHW060026180825

31273CB00010B/811